AÇÃO DA CIDADANIA
Rua da Gamboa, 246
Santo Cristo, RJ
Galpão da Cidadania

(21) 3995-3800 ou (21) 2233-7460
contato@acaodacidadania.org.br
acaodacidadania.org.br

 @acaodacidadania

AUTORES
Plínio Fraga
Ana Redig

IMAGEM (CAPA)
Vik Muniz

PESQUISA DE IMAGENS
Ana Redig (COORDENAÇÃO)
Carlos Antônio "Canta" da Silva
Ciro Andrade
Diego Cotta
José Miguel Trindade
Norton Tavares

PRODUÇÃO
Tyta Almeida

CURADORIA
Diego Cotta
João Victor da Silva
Tyta Almeida
Nádia Rebouças
Pascoal Soto

Agradecemos a todos os fotógrafos e fotógrafas, profissionais e amadores, que há 30 anos vêm contribuindo para contar a história da Ação da Cidadania.

CIDADANIA A FOME DAS FOMES

30 ANOS DE AÇÃO

Rio de Janeiro, 2023.
Todos os direitos reservados à Ação da Cidadania.

É permitida a reprodução total ou parcial dos textos aqui reunidos, desde que seja citado(a) o(a) autor(a) e que se inclua a referência ao artigo original.

COORDENAÇÃO EDITORIAL
Vitor Castro

REVISÃO
Marília Pereira

PROJETO GRÁFICO
Patrícia Oliveira

IMPRESSÃO
Rotaplan

CIP-BRASIL. CATALOGAÇÃO NA PUBLICAÇÃO
SINDICATO NACIONAL DOS EDITORES DE LIVROS, RJ
Elaborado por Gabriela Faray Ferreira Lopes — CRB 7/6643

C51

Cidadania, a fome das fomes: 30 anos de ação / [Ana Redig, Plínio Fraga]. – 1. ed. – Rio de Janeiro: Mórula, 2023.
    248 p. : il. ; 26 cm.

    ISBN: 978-65-81315-80-1

    1. Ação da Cidadania contra a Fome, a Miséria e pela Vida (Movimento) – História. 2. Assistência alimentar – Brasil. 3. Movimentos sociais – Brasil. I. Redig, Ana. II. Fraga, Plínio.

23-85541   CDD: 363.8830981
                        CDU: 612.391(81)

ÍNDICE

APRESENTAÇÃO   7

PARTE 1

- **01.** As fomes, antigas e novas — 10
- **02.** A militância no sangue — 20
- **03.** Encontro de vidas incomuns — 28
- **04.** A Ação depois dos 30 — 38
- **05.** Fundo Betinho, seguro bonança contra tempestades — 46
- **06.** O que move toda Ação — 54
- **07.** O selo Betinho — 62
- **08.** Expressão biológica dos males sociológicos — 70
- **09.** Tecendo redes — 80
- **10.** Por uma alimentação saudável — 92
- **11.** Comunicação é luta — 104
- **12.** Cultura como existência e resistência — 114
- **13.** A sede nova da Gamboa — 124
- **14.** O afeto em campo — 132

PARTE 2

- **01.** A origem de tudo — 144
- **02.** A campanha contra a fome — 154
- **03.** Crescimento surpreendente — 164
- **04.** Natal sem fome — 170
- **05.** Estou fazendo a minha parte — 180
- **06.** Novos desafios — 188
- **07.** Consciência cidadã — 196
- **08.** Brasil são outros 500 — 202
- **09.** Um retrato dos comitês — 212
- **10.** 20 anos de história — 220
- **11.** O início da virada — 226
- **12.** A volta da fome — 232
- **13.** E a história continua... — 240

APRESENTAÇÃO

Este livro é resultado de múltiplas parcerias. Reflete em sua estrutura a comunicação por redes que marca o trabalho da Ação da Cidadania.

A capa nasceu do afeto e empenho do artista plástico Vik Muniz que, com feijão e arroz, recriou a imagem de Betinho.

O livro está formalmente dividido em duas partes.

A primeira, escrita pelo jornalista Plínio Fraga, busca retratar os acontecimentos e personagens envolvidos na trajetória da Ação da Cidadania, com prioridade para fatos ocorridos entre 2018 e 2023. Apesar disso, não abre mão de visitar personagens e acontecimentos do passado para permitir que o leitor tenha uma perspectiva mais clara e ampla do desenvolvimento do trabalho da Ação da Cidadania e de seus dirigentes, funcionários e voluntários. Volta-se mais para aspectos narrativos que validam a história do que a marcos temporais.

A segunda parte foi originalmente escrita pela publicitária Nádia Rebouças e pela jornalista Ana Redig para obras publicadas em 2013 e 2018, que celebravam os 20 anos e 25 anos de existência da Ação da Cidadania. Redig revisou, modificou e reescreveu os originais destes trabalhos, agora incorporados à obra em homenagem aos 30 anos da entidade. O texto segue uma linha detalhada e cronológica, que auxilia o entendimento do percurso desde sua fundação, exalta pioneiros e contextualiza a história do Brasil que, talvez, os leitores mais jovens desconheçam.

Apesar dos percursos singulares, as partes se complementam para contar essa jornada que está longe do fim, mas já merece atenção e protagonismo na história. A Ação da Cidadania nestes 30 anos é um exemplo de articulação, construção de redes, empenho e, acima de tudo, de esperança. É reflexo do poder de quem acredita que solidariedade é também fator de luta e transformação.

FOTO: OLÍVIA GODOY

> "AS FUTURAS GERAÇÕES VÃO NOS PERGUNTAR COMO DEIXAMOS A FOME CHEGAR A ESTE PONTO E NOSSA RESPOSTA PRECISA COMEÇAR AGORA."
>
> **Daniel Souza**, presidente do Conselho da Ação da Cidadania

AS FOMES, ANTIGAS E NOVAS

01

Em 2022, apenas 4 em cada 10 domicílios tinham conseguido manter acesso pleno à alimentação

As fomes são muitas. Muitas delas são antigas. Outras surgiram faz pouco tempo. Nem por isso são menos aflitivas. Sem que as fomes mais básicas fossem resolvidas, novas fomes surgiram nos últimos 30 anos em que o mundo deu cambalhotas.

O aprimoramento e desenvolvimento de novas tecnologias revolucionaram o modo como as pessoas se comunicam, como trabalham e como vivem. Em meio a tantas novas riquezas, ampliou-se também o número de cidadãos excluídos desse mundo que deveria ser próspero para todos.

A maior parte das fomes não se reflete em um prato de alumínio amassado e vazio. A fome de feijão com arroz dói na barriga e enfraquece o corpo. A fome de esperança dói na alma e atordoa o espírito. A fome de cidadania é um vazio muitas vezes inexplicado ou intraduzível, que se fantasia de muitas dores sem que ouse mesmo pronunciar seu nome.

A fome da cidadania é a fome das fomes, mas pouca gente percebe isso a curto prazo. Gente preocupada em sobreviver entre a hora do almoço e a hora do jantar não pode perder tempo com valores abstratos, por mais necessários e fundamentais.

Em 2023, completam-se 30 anos do lançamento da Ação da Cidadania contra a Fome, a Miséria e pela Vida. O movimento cívico liderado pelo sociólogo Herbert de Souza (1935-1997) revelava-se engajado e autêntico desde o nome de batismo. Não era só uma campanha contra a fome — a necessidade de comida — e a miséria — o estado da indignidade humana. A ação cidadã é a que defende, valoriza e comemora a vida. O movimento, fundado em 24 de abril de 1993, deixava isso claro desde o nome escolhido para si.

Aos 30 anos, a Ação da Cidadania renovou-se. Reviu conceitos, modernizou as relações com apoiadores, ampliou o uso de tecnologia, profissionalizou seu quadro funcional. Tornou-se uma organização não governamental de ponta, trabalhando para que cada centavo arrecadado se transforme em benefício direto a cidadãos brasileiros em situação de insegurança alimentar ou deserdados de direitos.

Daniel Souza, presidente do Conselho da Ação da Cidadania, costuma questionar: "Como devem ser celebrados os 30 anos de uma entidade que nunca deveria ter precisado existir?" Filho de Betinho, Daniel responde com firmeza: "Com alegria, com orgulho, mas também com muita indignação".

Arremata relembrando uma constatação do pai: "Miséria e democracia são incompatíveis."[1]

A fome e a miséria devem ser combatidas com urgência e prioridade, mas principalmente com estratégias bem delineadas e eficientes. "Quem tem fome tem pressa", aprendeu Betinho em um diálogo marcado por desespero e esperança que manteve com uma líder comunitária de poucos estudos e muita sabedoria. Mais do que o lema da Ação da Cidadania, quem tem fome tem pressa tornou-se um mantra para os milhares de voluntários que abraçaram Betinho e a causa pela qual se empenhou até o último dia de vida.

Aos 96 anos, Terezinha Mendes da Silva ainda comanda um dos cerca de 3.000 comitês ou instituições parceiras da ONG Ação da Cidadania espalhados pelo país. Foi Terezinha quem elaborou, de improviso, mas com profunda inspiração, a frase que se tornaria célebre e até hoje se mantém como lema da Ação.

O primo dela trabalhava no escritório de Henfil, conjunção que permitiu que tivesse seu primeiro encontro com Betinho. Ele contou o projeto em que trabalhava, um movimento nacional para reunir voluntários dispostos a arrecadar comida e distribuir alimentos aos necessitados. A adesão de Terezinha foi imediata.

— Então tá bom. Amanhã a senhora volta — encerrou Betinho para se despedir.

— Amanhã já morreu. Quem tem fome tem pressa! — rebateu ela.

Terezinha se engajou de pronto. Fundou um dos primeiros comitês da Ação, no bairro Ponto

"AMANHÃ JÁ MORREU. QUEM TEM FOME TEM PRESSA!"

_Terezinha Mendes

Terezinha Mendes em frente à horta urbana que leva seu nome, na sede da Ação da Cidadania.
FOTO: ZÔ GUIMARÃES

Chic, em Nova Iguaçu, na Baixada Fluminense, bem perto de onde mora até hoje. Depois de 30 anos, o comitê tem uma biblioteca com mais de seis mil livros doados, apoia uma cooperativa de costureiras e serve como base para catadores de materiais recicláveis da região. "Tive dois professores para me ensinar a ser quem eu fui e quem eu sou: minha mãe, primeiro e, depois, o Betinho", disse ela.

A garantia do direito humano à alimentação adequada é uma obrigação do Estado. É uma questão de justiça social. A situação de insegurança alimentar no Brasil exige a mobilização da sociedade civil para pressionar as autoridades governamentais. São elas que detêm os meios adequados para formular, implantar e melhorar de forma contínua as políticas públicas que devem enfrentar o problema da fome e da miséria com efetividade, agilidade e eficiência. Cabe às entidades da sociedade civil atuar e colaborar sim, mas principalmente exigir e acompanhar criticamente as soluções propostas.

Na cartilha elaborada para a primeira Conferência Nacional de Segurança Alimentar em 1993, a Ação da Cidadania definiu de forma clara o que buscar:

> O QUE É SEGURANÇA ALIMENTAR? É garantir a segurança de alimento na mesa de todos os cidadãos. Um desafio para nós, da sociedade civil, e para o Estado. Traçar e implantar uma política de Segurança Alimentar é o primeiro passo para oferecer aos excluídos a oportunidade de estudarem, circularem, trabalharem e viverem com saúde, dignidade, lazer, cultura, enfim, exercerem a cidadania.[2]

Por formação e experiência, Betinho era um intelectual preocupado em traçar estratégias de ação a partir da avaliação precisa do quadro político, econômico e social. Não por acaso publicou em 1984 um livro que se tornaria espécie de bíblia para a militância cidadã brasileira. Em "Como se faz análise de conjuntura" (ed. Vozes), afirmava:

> A todo momento e em relação às mais variadas situações fazemos "análises" de conjuntura sabendo ou não, querendo ou não: quando decidimos sair de casa, sair do emprego, entrar num partido, participar de uma luta política, casar-se, colocar o filho num colégio, evitar ou buscar uma briga, descansar ou ficar atento, em todas essas situações, tomamos decisões baseadas em uma avaliação da situação vista sob a ótica do nosso interesse ou necessidade. Nessas decisões levamos em conta as informações que temos, buscamos nos informar, avaliamos as possibilidades dos fatos, das reações possíveis das pessoas ou dos grupos, medimos a "força" ou o perigo de nossos eventuais "inimigos" ou dos "perigos" e, a partir desse conjunto de conhecimentos, informações e avaliações, tomamos nossas decisões.

A análise da conjuntura é uma mistura de conhecimento e descoberta, é uma leitura especial da realidade e que se faz sempre em função de alguma necessidade ou interesse. Nesse sentido, não há análise de conjuntura neutra, desinteressada: ela pode ser objetiva, mas estará sempre relacionada a uma determinada visão do sentido e do rumo dos acontecimentos.

A análise de conjuntura é não somente parte da arte da política como é em si mesma um ato político. Faz essa análise política quem faz política, mesmo sem saber[3].

A Ação da Cidadania precisou alertar novamente sobre a fome, que voltou com tudo durante a pandemia de coronavírus.
FOTO: THAIS ALVARENGA

A conjuntura brasileira recente não pode prescindir da boa análise nem das boas práticas políticas. Com a pandemia do coronavírus (covid-19), a crise econômica e sanitária no Brasil se intensificou, levando muitas famílias à extrema pobreza, reduzindo a níveis alarmantes o acesso a alimentos seguros, nutritivos e suficientes.

A escalada da fome no Brasil está expressa em pratos cada vez mais vazios, olhares cada vez mais preocupados e em números em permanente e rápida ascensão, constatou o 2º Inquérito Nacional sobre Insegurança Alimentar no Contexto da Pandemia da Covid-19 no Brasil. Divulgado em junho de 2022, o inquérito revelou que 33,1 milhões de pessoas no país não tiveram o que comer no ano passado[4]. Esses números representam um aumento de 14 milhões de brasileiros em situação de fome em pouco mais de um ano.

O levantamento, liderado pela Rede PenSSAN, tendo a Ação como parceira, também mostrou que mais da metade (58,7%) da população brasileira vivia com algum grau de insegurança alimentar, seja leve, moderada ou grave (fome). O país regrediu para um patamar equivalente ao da década de 1990.

No Brasil de 2022, apenas quatro em cada dez domicílios tinham conseguido manter acesso pleno à alimentação — ou seja, estavam em condição de segurança alimentar. Os outros seis lares se dividem numa escala, que vai dos que permanecem preocupados com a possibilidade de não ter alimentos no futuro até os que já passam fome. Em números absolutos, são 125,2 milhões de brasileiros que passaram por algum grau de

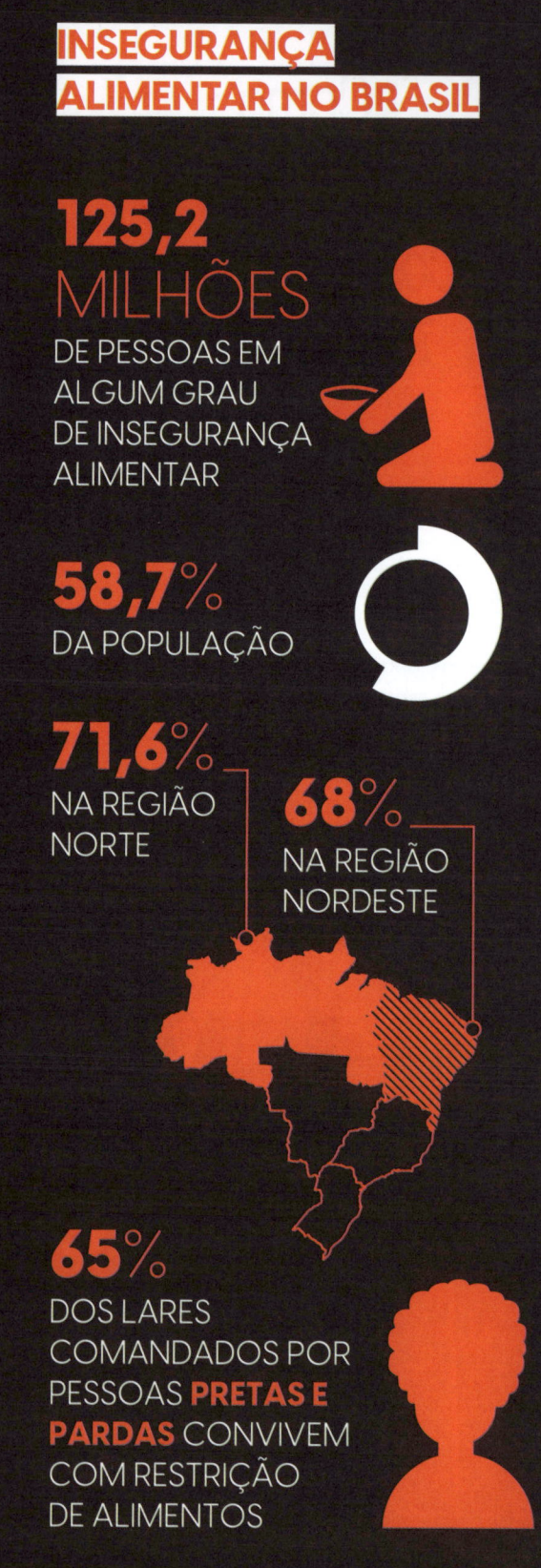

INSEGURANÇA ALIMENTAR NO BRASIL

125,2 MILHÕES DE PESSOAS EM ALGUM GRAU DE INSEGURANÇA ALIMENTAR

58,7% DA POPULAÇÃO

71,6% NA REGIÃO NORTE

68% NA REGIÃO NORDESTE

65% DOS LARES COMANDADOS POR PESSOAS **PRETAS E PARDAS** CONVIVEM COM RESTRIÇÃO DE ALIMENTOS

"A FOME TEM GÊNERO, COR E CEP."

_Kiko Afonso, diretor-executivo da Ação da Cidadania

insegurança alimentar. É um aumento de 7,2% desde 2020, e de 60% em comparação com 2018.

As políticas públicas de combate à pobreza e à miséria — que, entre 2004 e 2013, reduziram a fome a apenas 4,2% dos lares brasileiros — foram desmanteladas. A reação dos sucessivos governos para contenção da fome foi uma série de medidas isoladas e insuficientes, diante de um cenário de alta da inflação, sobretudo dos alimentos, do desemprego e da queda de renda da população.

Kiko Afonso, diretor-executivo da Ação da Cidadania, repete com frequência que o combate à insegurança alimentar é uma decisão política. "A fome tem gênero, cor e CEP", simplifica ele.

É fácil explicar a frase, com base na pesquisa. A fome tem CEP porque atinge fortemente quem mora no Norte e no Nordeste. Os números chegam, respectivamente, a 71,6% e 68% das casas nessas regiões — índices expressivamente maiores do que a média nacional de 58,7%.

A fome tem cor porque a segurança alimentar está presente em 35% dos lares com responsáveis de cor preta ou parda. A fome tem gênero porque, nas casas em que a mulher é a pessoa de referência, cresceu de 11,2% para 19,3% o percentual daqueles que não tiveram o que comer. Em pouco mais de um ano, a fome dobrou nas famílias com crianças menores de 10 anos — de 9,4% em 2020 para 18,1% em 2022.

Como uma das respostas à crise emergencial de 2022, a Ação da Cidadania lançou o "Pacto pelos 15% com Fome", no qual convidou a sociedade a doar qualquer 15 possível: 15 centavos ou 15 reais, 15% das vendas, 15 segundos ou minutos do seu tempo etc. O ato mobilizou voluntários para a causa e distribuiu recursos para entidades que combatem a insegurança alimentar em todo o país.

"As futuras gerações vão nos perguntar como deixamos a fome chegar a este ponto e nossa resposta precisa começar agora", afirmou Daniel Souza no lançamento da campanha.

A erradicação de todas as formas de má nutrição é uma das metas dos Objetivos de Desenvolvimento Sustentável (ODS) da Organização das

APONTE O CELULAR
E VEJA O VÍDEO EM:
https://bit.ly/3KAyPZY

Nações Unidas. O Brasil, entretanto, ainda não avançou significativamente nessa área. Entre outros motivos, por falta de políticas públicas adequadas. Nos governos Michel Temer (2016-2018) e Bolsonaro (2019-2022), houve amplo desmonte das estruturas oficiais de combate à fome, sob o entendimento econômico liberal de que menos regulação federal traria mais riqueza e que os mecanismos de mercado seriam mais eficientes para reparti-la do que ações governamentais específicas.

O mundo todo não tem progredido em direção à meta de garantir o acesso a alimentos seguros, nutritivos e suficientes para todas as pessoas durante todo o ano, e não tem avançado em relação à meta de erradicar todas as formas de má nutrição. O Brasil não foi uma exceção.

É necessário que políticas públicas sejam implementadas para garantir o acesso a alimentos de qualidade para todas as pessoas durante todo o ano, especialmente em momentos de crise como o que foi vivido recentemente. Como sintetizou o Relatório Luz 2022[5], com análise da aplicação das metas de desenvolvimento sustentável no país no ano passado, o Brasil se destacou como a "vanguarda do atraso" no enfrentamento da desigualdade.

Em 2022, o Brasil se destacou como a "vanguarda do atraso" no enfrentamento da desigualdade

NOTAS

1. SOUZA, Daniel. 30 Anos de cidadania em ação. *Jornal Ação da Cidadania*, Rio de Janeiro, abril de 2023.

2. Panfleto Contra a Miséria e pela Vida, Ação da Cidadania, 1994

3. SOUZA, Herbert. *Como se faz análise de conjuntura*. Petrópolis: Vozes, 1984.

4. Fome avança no Brasil em 2022 e atinge 33,1 milhões de pessoas, estudo da Rede Brasileira de Pesquisa em Soberania e Segurança Alimentar e Nutricional (Rede PENSSAN), com execução do Instituto Vox Populi e apoio e parceria de Ação da Cidadania, ActionAid, Fundação Friedrich Ebert Brasil, Ibirapitanga, Oxfam Brasil e Sesc São Paulo.

5. Disponível em: **https://gtagenda2030.org.br/relatorio-luz/relatorio-luz-2022/**.

A MILITÂNCIA NO SANGUE

02

Betinho foi um mestre em juntar pessoas de pensamentos diversos em torno de uma mesma ideia

FOTO: ACERVO PESSOAL DE MARIA NAKANO

Para uma dimensão exata do tamanho do desafio que Betinho liderou, é preciso voltar no tempo da gestação da campanha contra a fome, contra a miséria e pela vida. Em 1993, o Brasil ainda tropeçava no amadurecimento da retomada da democracia. Por 21 anos, entre 1964 e 1985, a ditadura militar tolheu liberdades, ceifou direitos, sufocou movimentos civis e constrangeu quem ousasse levantar a voz contra os militares no poder.

Tais pressupostos antidemocráticos se chocavam com a militância e o histórico de vida de Herbert de Souza, sociólogo mineiro que teve intensa influência na luta pelos direitos humanos e na construção de uma sociedade mais justa e igualitária no Brasil durante a ditadura e na retomada da redemocratização.

Poucos personagens brasileiros mantiveram seu nome na história por meio apenas do prenome, característica rara, ainda mais quando realçado pelo uso do diminutivo. Herbert de Souza para os brasileiros sempre foi Betinho, vocativo carinhoso e sensível como aquele que retratava.

Nascido em 3 de novembro de 1935, em Bocaiúva, Minas Gerais, Herbert José de Souza era filho de Henrique José de Souza, dono de padaria e do primeiro cinema mudo da cidade, e de Maria da Conceição Figueiredo de Souza. Os pais escolheram o prenome do filho para homenagear um diretor pioneiro do cinema alemão, mas escorregaram na grafia. Em vez de Herbert, registraram o menino como *Herbet*. "Fiquei errado desde o nascimento", resumia Betinho[1].

Henfil e Betinho tinham afinidade total. Mesmo tendo vários irmãos, se referiam um ao outro como "o mano".
FOTO: ARQUIVO PESSOAL DE MARIA NAKANO

Henrique e Maria tiveram muitos filhos: Maria Cândida, Zilá, Vanda, José Maria (que morreu aos três anos), Herbert, Maria da Glória, Henrique, Filomena e Francisco Mário. Todos os homens sofriam de hemofilia, distúrbio genético que afeta a coagulação do sangue.

Francisco Mário construiu reputação como compositor e violonista. Em 1980, lançou uma de suas obras mais elogiadas, "Revolta dos Palhaços". Chico dizia no encarte do álbum: "Com este disco, denuncio a ilusão montada para ver a nossa realidade subdesenvolvida de país de Terceiro Mundo e que até poderia chocar as pessoas que estavam sonhando e não queriam acordar, preferindo acreditar na falsa realidade recriada a cada dia".

Henrique se revelou o mais genial cartunista brasileiro, assinando seus trabalhos como Henfil. Tornou a mãe famosa, com suas cartas públicas. "Mãe, não há uma só pessoa hoje no Brasil que não vá dormir se sentindo culpada. Mesmo não tendo fogão a gás nem isqueiro. Faz tempo que eles vêm insinuando que a gente desperdiça (...). Não foram poucas as vezes que nos deram carão e ameaçaram que, se não aprendêssemos a economizar, eles iam ter que tomar medidas enérgicas", escrevia Henfil para d. Maria[2].

Em julho de 1979, abriu o coração de saudade. "Mãe, não suporto mais a saudade sufocante do meu irmão Betinho. Minha vida segue sem sentido e sem alegrias. Sai um disco do Chico e não consigo me entregar no canto que gostaria de partilhar com ele e com a Maria. E grito de gol fica preso no peito porque me sinto sozinho no Maracanã mais lotado."

Hemofílicos, como os irmãos Herbert, Henrique e Francisco, levam uma infância cercada de cuidados especiais. Eles têm de evitar traumas, quedas, cortes. Sangramentos são inimigos

APONTE O CELULAR E VEJA O VÍDEO EM:
https://bit.ly/3YysRyf

Betinho e o presidente João Goulart em reunião de trabalho durante os anos 1960.
FOTO: ARQUIVO PESSOAL DE MARIA NAKANO

reais a serem evitados e, caso ocorram, devem ser tratados com urgência.

"Quando nasci, e só aí começa a história, a hemofilia começou. Vida e morte juntas na mesma pessoa: a hemorragia no umbigo foi o começo, já que é no umbigo que tudo começa. E não é assim com todas as pessoas? Não a hemorragia, é claro, mas a coexistência da vida e da morte na mesma pessoa nascida viva?", contava Betinho[3].

Sua atuação política aflorou na adolescência, sempre ligada a entidades em torno da militância católica, fortemente marcada pelo ideário de esquerda entre as décadas de 1960 e 1980. Ainda estudante secundarista, Betinho se filiou à Ação Católica, em Belo Horizonte. Na Universidade Federal de Minas Gerais, onde concluiu o curso de sociologia em 1962, foi um dos fundadores da Ação Popular (AP), uma organização formada por um grupo católico pró-socialismo.

"Assim como a vinculação religiosa nos jogou no movimento estudantil, o movimento estudantil nos jogou na política nacional. Ao crescer esse movimento de participação, a religião já não dizia mais nada. Passamos então de uma visão religiosa a uma perspectiva política. Só que passamos à política com a mesma mística que havíamos vivido na religião, a mesma perspectiva de

A ditadura endureceu e Betinho teve que fugir do país, como milhares de outros brasileiros
FOTO: EVANDRO TEIXEIRA / INSTITUTO MOREIRA SALLES

compromisso, a mesma pureza, responsabilidade, autorrenúncia", afirmava[4].

Durante o governo João Goulart (1961-1964), Betinho engajou-se na luta pelas chamadas reformas de base. Exerceu funções de coordenação e assessoria no Ministério da Educação e Cultura e na Superintendência de Reforma Agrária. Como sociólogo, elaborou estudos sobre a estrutura social brasileira para a Comissão Econômica para a América Latina (Cepal), da Organização das Nações Unidas (ONU).

Integrou as fileiras daqueles que resistiram ao golpe militar de 1964 e à ditadura que se instalou no Brasil. Não tardou para que os generais que comandavam o país o identificassem como inimigo a ser perseguido. Foi preso no Rio de Janeiro, às vésperas do Natal, em 22 de dezembro de 1966. Tinha em mãos cópia do livro "Que fazer? Problemas candentes do nosso movimento", escrito em 1902 pelo revolucionário russo Vladimir Lênin (1870-1924). Os agentes do SNI que prenderam Betinho acreditaram que a obra tivesse sido elaborada por ele próprio, traçando estratégias de resistência à ditadura. Ficou enclausurado e prestou depoimento por sete horas, entre 6h e 23h.

Havia sido preso em casa, no bairro carioca de Botafogo, e levado para o Departamento de Ordem Política e Social (DOPS), na Lapa, no centro da cidade. No dia seguinte, por ser antevéspera de Natal, o delegado permitiu que fosse para casa e voltasse na segunda-feira. No domingo, Betinho pediu abrigo no consulado do México, onde ficou apenas dez dias e fugiu. Vivendo

Mais à esquerda: Betinho, Marcos Arruda e Carlos Afonso no ano de criação do Ibase.

Ao lado: Betinho volta do exílio e é recebido por uma multidão.

FOTOS: ARQUIVO PESSOAL DE MARIA NAKANO

na clandestinidade, adotou os codinomes Francisco, Alberto e Wilson. Muitas vezes usava disfarces. Resolvera permanecer no Brasil, enquanto possível.

A ditadura estava prestes a completar cinco anos de existência quando o ministro do Exército, Aurélio de Lyra Tavares, chancelou o relatório número 091 da Comissão de Investigação Sumária, elaborado em 11 de março de 1969, recomendando a cassação de direitos políticos do então professor Herbert José de Souza[5].

Os crimes dos quais os militares acusavam Betinho estavam listados na página 33 do dossiê produzido pelo Serviço Nacional da Informação (SNI), repartição de bisbilhotagem oficial: "comunista confesso, agitador no meio estudantil, fundador da Ação Popular [organização política de esquerda], foragido no Uruguai para onde escapara disfarçado de padre dominicano".

O prontuário policial de Betinho descrevia-o com detalhes físicos impressionantes, tendo ficado marcado para os agentes seu aspecto "franzino, semiesquálido".

Quando a repressão aos resistentes à ditadura se intensificou, Betinho partiu para o exílio em 1971. Seguiu primeiro para o Chile, onde deu aulas e atuou como assessor do presidente Salvador Allende, que seria deposto e assassinado em 1973. Asilou-se, então, na embaixada do Panamá e, em seguida, foi para o Canadá e para o México, onde cursou o doutorado.

No fim dos anos 1970, a volta de Betinho, o irmão do Henfil, virou marca da campanha pela anistia, celebrada pela canção "O bêbado e a equilibrista", de Aldir Blanc e João Bosco. Betinho retornou ao Brasil em 1979. Dois anos depois, criou o Ibase (Instituto Brasileiro de Análises Sociais e Econômicas) junto com os companheiros de exílio Carlos Afonso e Marcos Arruda. Iniciava assim nova fase de militância cidadã.

Em 1986, depois de saber que vivia com HIV, contraído em transfusão de sangue necessária pela hemofilia, Betinho ajudou a fundar a Associação Brasileira Interdisciplinar de Aids (Abia). Em 1992, fez parte do Movimento pela Ética na Política, que culminou com o *impeachment* do então presidente Fernando Collor de Mello. A empreitada serviria de base para a mobilização da campanha contra a fome, iniciada em 1993. Foi convidado pelo presidente Itamar Franco para coordenar o Conselho Nacional de Segurança Alimentar, mas se recusou por limitações físicas. "Sou mais alma do que corpo", justificou[6].

O reconhecimento popular veio no carnaval de 1996, por meio de homenagem prestada pela Escola de Samba Império Serrano. O samba enredo definiu-o como "um moderno Dom Quixote". Mesmo abatido pelas doenças do corpo, Betinho lavou a alma desfilando sobre um carro alegórico na Marquês de Sapucaí, cercado de passistas, aplaudido pelas arquibancadas lotadas.

Em 1996, Betinho começou a dar sinais de que a doença estava vencendo. Seu ritmo de trabalho teve de ser reduzido. Submetido mensalmente a uma bateria de exames clínicos e obrigado a tomar um coquetel de remédios antiaids de 12 em 12 horas, ele afirmou ao semanário IstoÉ que não temia a morte: "Só tenho medo de sentir dor". "A morte", disse, "é extremamente educativa e não há como tirá-la de sua vida. Ela nos surpreende a toda hora."

Nos últimos momentos de lucidez, pediu ao filho Daniel para ouvir músicas de Vivaldi, enquanto tomava cerveja. Betinho deixou também uma herança musical. Escreveu letra em que descrevia, no estilo característico do matuto mineiro, a gangorra do viver:

No início de julho de 1997, Betinho foi hospitalizado. Estava muito debilitado, sem se alimentar, vítima da hepatite crônica diagnosticada três anos antes. Como o tratamento não surtira efeito, pediu para voltar para casa, onde foi montada uma Unidade de Tratamento Intensivo.

Em 9 de agosto, sofreu falência hepática. Pesava apenas 39 quilos. Betinho morreu às 21h10, ao lado da segunda mulher, Maria, dos filhos, Daniel e Henrique, e de amigos. Seu corpo foi cremado e, atendendo a um pedido seu, as cinzas foram espalhadas em seu sítio em Itatiaia.

Tinha 61 anos. Sua trajetória é um exemplo de luta pelos direitos humanos e pela construção de uma sociedade mais justa e igualitária no Brasil. Uma vida excepcional, digna de ser contada e recontada como exemplo para as gerações seguintes.

Às vezes a vida, o sofrimento, as injustiças é maior que nóis.

Mas, se a gente acreditá numa luzinha que mora no fundo de dentro da gente, a gente vorta a sonhá.

Vorta a sabê que nóis, que gente foi feito prá inventá o mundo de novo, prá muda e desmudá, carregando alegria.

NOTAS

1. PANDOLFI, Dulce; HEYMANN, Luciana. *Um abraço, Betinho*. Rio de Janeiro: Garamond, 2005, p. 15.

2. HENFIL, *Carta a mãe*, São Paulo, 11/07/79.

3. Idem, ibidem.

4. SOUZA, Herbert. *Memórias do Exílio*.

5. Dossiê Betinho, SNI, 11/03/1969, Arquivo Nacional.

6. Jornal do Brasil, 18/02/93, p. 5.

ENCONTRO DE VIDAS INCOMUNS

03

O destino uniu Daniel e Kiko para abrir novos caminhos para a Ação da Cidadania

Vinte e seis anos depois da morte de Betinho, coube a Daniel Souza, como presidente do Conselho da Ação da Cidadania, e Kiko Afonso, como diretor-executivo, seguir, ampliar e modernizar o legado do inspirador maior do combate à fome no Brasil. Conhecidos desde a infância, Daniel e Kiko se reaproximaram quase por acaso e formam uma dupla de gestão afinada.

Daniel toma como mote de vida uma frase precisa: "Uma infância incomum leva a uma vida diferente". Ele nasceu em 1965, um ano depois do golpe militar. Filho de pais que se opunham à ditadura, cresceu usando um nome falso (Mariano) e morando na clandestinidade. Mudava de cidades, casas e escolas com frequência incomum e irritante. "Só fui saber que meu nome verdadeiro era Daniel aos 7 anos de idade, quando fomos para o exílio."

Não sabia nem o nome verdadeiro dos próprios pais, até então. Só descobriu que era filho de Herbert de Souza e de Irles Coutinho de Carvalho, quando aterrissou em Santiago. Os pais tinham se conhecido na militância estudantil, na qual usavam codinomes para escapar da perseguição da ditadura. Casaram-se em 1964 por procuração para que Irles fosse encontrar Betinho, que estava escondido dos militares brasileiros no Uruguai. Daniel nasceu no ano seguinte e foi assim registrado. Mas só era chamado pelo codinome até o exílio em 1972.

O Chile era então um dos poucos países democráticos da América Latina. Mas a estadia foi logo bruscamente interrompida. Em 1973, o presidente chileno Salvador Allende, socialista reformista, foi derrubado e morto. A ditadura militar do general Augusto Pinochet se impôs, matando, prendendo e torturando opositores.

Multilíngue por necessidade, Daniel escolheu como profissão aquela que considera a mais universal das linguagens: o desenho. Formou-se pela Escola Superior de Desenho Industrial, em 1990. Até hoje, quando preenche ficha de entrada em hotel, por exemplo, não tem dúvidas de se identificar como designer.

Daniel atuou, no entanto, em outras áreas artísticas que disputaram o espaço com o desenho industrial: a dança, o teatro e o cinema documentário.

Quando Betinho morreu em 1997, foi convidado pelo Ministério da Saúde para articular parcerias de combate às doenças sexualmente transmissíveis, em especial a Aids. Coordenou a inclusão da prevenção em grandes eventos esportivos

e culturais. Paralelamente, empenhou-se em campanhas de prevenção para TV e rádio, com participação de artistas como Ivete Sangalo, Lenine, Chico Buarque, Sandy e Júnior.

Herdeiro de fato e simbólico de Betinho, Daniel entrou na Ação da Cidadania, contra a Fome, a Miséria e Pela Vida em 1998. Seu primeiro projeto foi o lançamento do álbum "Brasil São Outros 500", que contou com a participação de 40 dos maiores cantores e atores brasileiros. Coube a Daniel Souza a concepção, articulação e os contatos necessários para conseguir engajar — num só projeto — dezenas de artistas de um naipe tão fino como Chico Buarque, Fernanda Montenegro, Maria Bethânia, Gilberto

Atores e cantores renomados formaram duplas e trios inéditos para o CD *Brasil são Outros 500*. Cada CD foi revertido em uma cesta de alimentos.
FOTOS: LÍVIO CAMPOS

Gil, Zeca Pagodinho, Martinho da Vila, Letícia Sabatella, Vera Holtz, Djavan, Marco Nanini, Ivete Sangalo, João Bosco e Antônio Nóbrega.

Não à toa, Daniel deixou essa marca inicial e profunda nos trabalhos da Ação. Ele costuma dizer que a cultura é sua assinatura no trabalho social. "Não sou sociólogo, não sou historiador, não sou educador. Tudo o que sempre fiz esteve e está dentro da área da cultura. Talvez seja essa a minha maior contribuição, além do fato de ser filho do Betinho, algo simbólico. Por ser filho de alguém que acreditava no poder da cultura como transformação, sempre quis passar à frente esse entendimento de que a Ação da Cidadania é o social, é o educacional, mas é, principalmente, o cultural. O que incide no simbólico e consegue transformar sempre foi, e sempre será, a cultura."

De 1998 até 2003, Daniel foi um dos coordenadores da Ação da Cidadania percebendo sua potência para movimentar a sociedade para o combate à fome. A partir de 2011, assumiu como presidente do Conselho, função na qual permanece até hoje. Há 20 anos

> **POR SER FILHO DE ALGUÉM QUE ACREDITAVA NO PODER DA CULTURA COMO TRANSFORMAÇÃO, SEMPRE QUIS PASSAR À FRENTE ESSE ENTENDIMENTO DE QUE A AÇÃO DA CIDADANIA É O SOCIAL, É O EDUCACIONAL, MAS É, PRINCIPALMENTE, O CULTURAL."

_**Daniel Souza**, presidente do Conselho da Ação da Cidadania

Victor Lopes (à esquerda) dirigiu os documentários *Histórias da cidadania* e *A esperança equilibrista*.
FOTO: ACERVO AÇÃO DA CIDADANIA

dedica-se à comunicação por causas, criando e produzindo campanhas e instrumentos de mobilização nas áreas da saúde, direitos humanos, educação, fome e meio ambiente.

Como desdobramento natural, diz Daniel, passou a criar e produzir documentários. Dois curtas-metragens e quatro longas-metragens dentro do projeto Marcas da Memória da Comissão da Anistia, do Ministério da Justiça. Com outras produtoras já são mais de vinte longas-metragens, todos na área da saúde, educação e direitos humanos, entre eles o "Histórias da Cidadania", sobre a entidade, e "Betinho — Esperança Equilibrista".

Rodrigo "Kiko" Afonso, diretor-executivo da Ação da Cidadania, costuma dizer que foi "picado pelo bichinho do trabalho social" quando ainda era uma criança. Sua vida é um resumo ilustrado dessa vocação familiar e do

APONTE O CELULAR E VEJA O VÍDEO EM:
https://bit.ly/45pDaXC

impacto da tecnologia na vida de uma pessoa. Não é exagero dizer que viu a internet nascer desde o berço.

Kiko é filho de Carlos Alberto Afonso, amigo de Betinho e cofundador com ele e Marcos Arruda do Ibase (Instituto Brasileiro de Análises Sociais e Econômicas). Essa instituição não governamental foi o berço nacional da rede mundial de computadores. Foi no Ibase que nasceu o primeiro serviço brasileiro de internet não-acadêmico e não-governamental, o AlterNex.

Kiko nasceu em 1976, sendo oito anos mais jovem do que Daniel Souza. Na sua adolescência e juventude, conviveu com Betinho, mas a diferença de idade fez com que Kiko e Daniel se mantivessem cordiais, mas distantes.

Conheceram-se quando seus pais, Betinho e Carlos Afonso, estavam exilados após o golpe militar de 1964. Betinho e os Afonsos viviam então no Canadá; Daniel morava com a mãe na Suécia. As constantes visitas de Daniel a Betinho no Canadá permitiram que mantivessem contato.

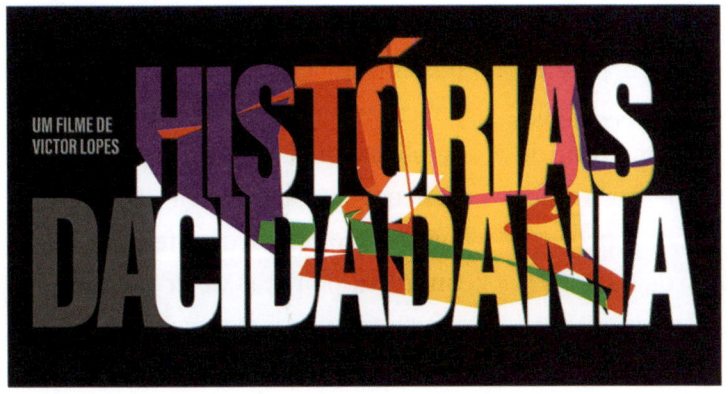

Acima, os Afonsos e os Souzas no exílio. Um dos poucos momentos de convivência entre Kiko e Daniel na infância.
FOTO: ARQUIVO PESSOAL DE MARIA NAKANO

Acima à direita, a amizade entre Carlos Afonso e Betinho nasceu no exílio e seguiu por toda a vida.
FOTO: ACERVO IBASE

Em 1981, pouco após voltarem do exílio, Betinho, Carlos Afonso e Marcos Arruda fundaram o Ibase, que gerou mais tarde várias ONGs, entre elas a Ação da Cidadania. "Somos a segunda geração da entidade, tentando manter o espírito dos nossos pais", resumiu Kiko.

Em 2014, o acaso levou-o a se reaproximar de Daniel Souza. "A gente se conhecia, mas não tinha uma relação próxima", lembrou.

Kiko levou à Ação da Cidadania o projeto de criação de um pólo de inovação tecnológica para jovens. Quando chegou à sede da Ação para se reunir com Daniel, viu um grupo de senhores engravatados deixar a sala. Depois de discorrer sobre o projeto, lembra-se de ter ouvido de Daniel.

— Kiko, sou ateu. Não acredito em nada, mas sei que Betinho está por aqui neste momento. Esse pessoal que acabou de sair da sala quer apoiar projetos de capacitação e inovação. Isso não pode ser coincidência. É destino.

O Brasil tinha saído do Mapa da Fome das Nações Unidas em 2013, como resultado de políticas públicas bem-sucedidas implementadas a partir de 1993. O país adotou medidas que visavam à redução da desigualdade social e à promoção do desenvolvimento econômico, como o programa de transferência de renda para famílias em situação de pobreza e extrema pobreza, com o objetivo de garantir o acesso à alimentação e a outros direitos básicos. Apoiou também a agricultura familiar, com o governo federal investindo em políticas de crédito, assistência técnica e extensão rural para os pequenos agricultores. Foram iniciadas políticas de compras públicas de alimentos da agricultura familiar, assegurando mercado para os produtores e estimulando a produção local de alimentos. Ampliou-se, também, o acesso à água e ao saneamento básico.

O novo quadro tinha tirado a Ação da Cidadania da linha de frente. "O foco da fome tinha sumido. A Ação estava meio perdida. Fazia muito pouco. Na parte social, o impacto era muito pequeno. Decidimos então desenhar um projeto amplo, repensar a Ação", recordou-se Kiko.

Foram dois anos trabalhando como consultor. Em 2016, foi concluído o projeto de modernização de gestão da entidade. "Decidimos ir para outras fomes. Fome de igualdade, de oportunidade. Fomes para além dos alimentos."

Com a conclusão de um novo estatuto, Daniel Souza tornou-se presidente do Conselho. Kiko assumiu como diretor-executivo da ONG em maio de 2016. "Não sabíamos como pagar as contas do mês seguinte. Tínhamos sete, oito funcionários. Foi um ano muito difícil. Nenhuma perspectiva de longo prazo. As doações eram pífias. A instituição vivia de projetos culturais aqui e acolá. Na parte social, atuava pouquíssimo. O caixa anual era de R$ 1 milhão, mas tinha contas, impostos e salários atrasados."

> **"DECIDIMOS IR PARA OUTRAS FOMES. FOME DE IGUALDADE, DE OPORTUNIDADE. FOMES PARA ALÉM DOS ALIMENTOS."**
>
> _Kiko Afonso

Sete anos depois, a arrecadação atingiu o recorde de R$ 115 milhões. Grande parte dele vem de doações de grandes empresas, mas com crescimento espantoso também das contribuições feitas por pessoas físicas, atingindo a casa dos R$ 20 milhões. O dinheiro permitiu a profissionalização da equipe da Ação, que emprega quase 50 pessoas. "Não dá para gerir uma entidade com metas ambiciosas, com um time de voluntários", explicou.

Se Daniel Souza trouxe para Ação o poder simbólico e transformador da cultura, Kiko Afonso alavancou a entidade com o vetor tecnológico e empresarial, constituindo-se assim numa dupla complementar.

Kiko trouxe para a Ação da Cidadania a cultura de gestão de empresa, especialmente na área de captação, questões robustas, mas que geralmente são uma fragilidade no terceiro setor. "Usei muito desse meu capital. Sou um cara de venda. Sei vender bem. Trouxe tecnologia para captação on-line, uma das mais inovadoras do Brasil. Temos sido pioneiros numa série de modelos. A criação do modelo de captação com o iFood foi o mais icônico. Desenvolvemos mecanismos de doação dentro da plataforma do Ifood para a Ação e para outras instituições."

Em meio a tanta transformação, os comitês da linha de frente da Ação da Cidadania não demoraram a detectar que a fome estava voltando. "Demos o alerta em 2017, mas não nos deram ouvidos."

O planejamento de focar a Ação da Cidadania em projetos estruturantes precisou ser revisto. As campanhas emergenciais se tornaram de novo necessárias. O Natal sem Fome, campanha para arrecadar doação de alimentos, voltou naquele mesmo ano. O Brasil seguia ladeira abaixo. O quadro pioraria ainda mais com a pandemia do coronavírus a partir de março de 2020.

A emergência sanitária chegou quando a Ação da Cidadania já tinha se reestruturado. As contas estavam no azul. O investimento em tecnologia social começou a dar resultados. "Tínhamos feito o dever de casa. Estávamos prontos. As empresas e os doadores olharam para a Ação e viram um braço bem estruturado para atuar na crise. Houve reconhecimento do trabalho que tinha sido feito antes", contou Kiko.

Uma entidade histórica, com rede nacional e estruturada para ser ágil, tornou-se o ponto de absorção de dezenas de milhões de reais.

Empresas e cidadãos estavam dispostos a colaborar com quem pudesse fazer diferença no enfrentamento daquela crise única. A Organização Mundial de Saúde calculou que 15 milhões de pessoas morreram no mundo em razão do coronavírus. Entre elas estão 700 mil brasileiros.

"Conseguimos atender 20 milhões de pessoas! Doamos mais de 20 mil toneladas de alimentos. Chegamos a todos os estados. Nem na época do Betinho se conseguiu tanto. As pessoas estavam isoladas, sem possibilidade de trabalhar, com dificuldade de sobreviver", resumiu Kiko.

Passada a tempestade, a Ação quer construir o seguro nascido dos tempos de bonança. Com o Fundo Betinho, um colchão de recursos investidos, a Ação pretende assegurar a estabilidade de seus projetos futuros.

"A gente não gera lucro, mas quer gerar impacto. Temos de ter lucro operacional, gerar mais recursos do que gastamos. Se preparar para momentos sem doação. Sendo superavitária, a Ação pode viver da rentabilidade dos investimentos."

A opção da Ação é lutar por políticas públicas duradouras e eficientes contra a fome, a miséria e em defesa da cidadania. "Temos de deixar de ser bombeiros para combater o fogo na emergência. Temos de prevenir o incêndio, atuar na prevenção. O que resolve a fome é política pública. Queremos instrumentos de combate definitivos. Vamos gerar dados, pressionar governos e congressos, formar lideranças, qualificar gente. Esse é o projeto de longo prazo", apontou Kiko.

FUNDO BETINHO
CONTRA A FOME, A MISÉRIA E PELA VIDA

Um fundo patrimonial focado nos seguintes Objetivos de Desenvolvimento Sustentável (ODS) da ONU:

1 ERRADICAÇÃO DA POBREZA — ACABAR COM A POBREZA EM TODAS AS SUAS FORMAS, EM TODOS OS LUGARES

2 FOME ZERO E AGRICULTURA SUSTENTÁVEL — ACABAR COM A FOME, ALCANÇAR A SEGURANÇA ALIMENTAR E MELHORIA DA NUTRIÇÃO E PROMOVER A AGRICULTURA SUSTENTÁVEL

10 REDUÇÃO DAS DESIGUALDADES — REDUZIR A DESIGUALDADE DENTRO DOS PAÍSES E ENTRE ELES

A opção da Ação é lutar por políticas públicas duradouras e eficientes contra a fome, a miséria e em defesa da cidadania

Ele aposta numa mudança de cultura dos detentores de capital. Não basta achar que ser empresário é pagar impostos e gerar empregos. "Isso é obrigação. Tem de distribuir riqueza, reduzir a desigualdade. Propiciar cidadania também é isso. Nos próximos dois, três anos, ainda vai ser importante a atuação forte na segurança alimentar. Talvez menos distribuindo alimentos e fazendo campanhas, mas ainda de forma relevante. Um foco muito grande na questão de política pública, na capacitação de agentes públicos e de lideranças em relação às ações necessárias. Como agente da sociedade civil de controle social. De cobrança dos governos. Fiscalização, proposição de políticas públicas, de avaliação das políticas públicas."

Em meio ao mundo em transformação, Kiko continua fiel ao que acredita: trabalho social e inovação. "O terceiro setor está evoluindo, se profissionalizando, e, apesar de todas as dificuldades, remamos no lado certo da maré", avaliou.

A AÇÃO DEPOIS DOS 30

04

Depois de retroceder aos índices de 30 anos, o Brasil retoma as bases da segurança alimentar

FOTO: ZO GUIMARÃES

Na comemoração dos seus 30 anos de existência, a Ação da Cidadania abriu discussões para a elaboração de um novo planejamento estratégico e modelo de atuação, em que a distribuição pura e simples de cestas básicas seja algo pontual. O esforço está voltado para ampliar o profissionalismo no dia a dia da organização e consolidar uma ampla rede de influência política e social.

O objetivo central é tornar mais efetivo o trabalho de *advocacy*, termo em inglês para definir as práticas de relacionamento e comunicação que visam a influenciar entes públicos a adotar medidas e políticas consideradas importantes para determinado setor.

"Agora a Ação da Cidadania quer olhar para os próximos 30 anos. E a fome, definitivamente, não pode ser o tema desse novo ciclo. A Ação não nasceu para combater apenas a falta de comida. A desigualdade deste país, no entanto, é tão crônica e histórica que tivemos que focar nossa energia na ajuda prioritária à população brasileira", afirmou Daniel Souza.

"É preciso exigir que o poder público assuma sua responsabilidade constitucional de garantir a segurança alimentar no país", disse o presidente do Conselho da Ação. "Vamos usar nossa força para fazer pressão nesse sentido. Queremos que as pessoas saibam quais são os seus direitos e cobrem cada vez mais ações concretas para erradicar a fome de uma vez por todas. É possível, já vivemos dias melhores."

A Ação é ativa em questões políticas e sociais em pauta no Brasil contemporâneo. Como exemplos de novos papéis institucionais da entidade, a Ação da Cidadania assegurou, em 2023, dois assentos importantes em dois órgãos fundamentais nas discussões entre governo e sociedade: o Consea (Conselho Nacional de Segurança Alimentar e Nutricional), órgão de assessoramento subordinado diretamente ao presidente da República, e o Conselho de Desenvolvimento Econômico Social Sustentável, o chamado Conselhão, colegiado também vinculado à Presidência que debate e propõe políticas públicas no âmbito do governo federal.

Kiko Afonso é o representante da Ação nos dois órgãos consultivos, que têm perfis diversos, mas, de certa maneira, complementares.

O Consea é um órgão consultivo que integra o Sistema Nacional de Segurança Alimentar e Nutricional (Sisan), estrutura responsável por

> **QUEREMOS QUE AS PESSOAS SAIBAM QUAIS SÃO OS SEUS DIREITOS E COBREM CADA VEZ MAIS AÇÕES CONCRETAS PARA ERRADICAR A FOME DE UMA VEZ POR TODAS."**
>
> _Daniel Souza

A Ação da Cidadania integra o Conselhão, canal direto com a Presidência da República para a proposição de políticas públicas. FOTO: GIL FERREIRA

Cerimônia de reinstalação do Conselho Nacional de Segurança Alimentar e Nutricional – CONSEA em fevereiro de 2023.
FOTO: RICARDO STUCKERT / PALÁCIO DO PLANALTO

implementar e gerir a Política Nacional de Segurança Alimentar, envolvendo assuntos como o combate à fome, agricultura familiar, controle de agrotóxicos, merenda escolar, agricultura familiar, entre outros.

É composto por 60 membros titulares e seus respectivos suplentes, dos quais dois terços representam a sociedade civil e um terço representa o governo federal. Instituído em 1993, no governo Itamar Franco, o Consea havia sido extinto em 2019, no governo Jair Bolsonaro.

A extinção do Consea desorganizou em nível nacional a coordenação das políticas voltadas para o combate à fome, quando a taxa da população em extrema pobreza chegou ao maior patamar desde o início da série histórica, em 2012.

Novos membros do Consea devem ser escolhidos durante a 6ª Conferência Nacional de Segurança Alimentar e Nutricional, prevista para se realizar até o fim de 2023.

Em maio de 2023, o governo federal reativou o Conselhão, que havia sido criado em 2003 e teve as atividades interrompidas no governo Bolsonaro. Ele é integrado por 246 conselheiros escolhidos pelo presidente da República, representando ativistas, intelectuais, empresários, banqueiros e movimentos sociais. O Conselhão funciona por meio de grupos de trabalho temáticos e câmaras técnicas de apreciação de políticas públicas. Nele nasceram, por exemplo, duas das iniciativas sociais mais relevantes das últimas décadas, o Bolsa-Família e o projeto de habitação popular Minha Casa, Minha Vida.

O Conselhão é um canal direto com a Presidência e, com essa chancela, possibilita o questionamento aos ministérios e facilita a obtenção de dados e informações sobre a execução das políticas governamentais. "Para nós é muito bom porque abre portas. É um instrumento essencial para o engajamento governo-sociedade civil", resume Kiko Afonso.

Ele assinala que, em 2023, em termos de políticas públicas sobre segurança alimentar, os primeiros passos foram de reconstrução de um arcabouço administrativo, legal e político que foi intencionalmente destruído.

A primeira proposta apresentada por Kiko Afonso no Conselhão foi a criação de um grupo de trabalho específico para discutir as políticas públicas de combate à fome. "É o pior e mais urgente problema do país", justificou.

Outra iniciativa em gestação é a criação de mecanismos legais de incentivos fiscais para empresas que façam doação para organizações e projetos de segurança alimentar. A forma e os trâmites legais ainda estão em discussão, mas com desejo de que a lei de incentivo fiscal para segurança alimentar seja regulada ainda em 2023.

Uma questão imediata para a segurança alimentar no Brasil é a reconstrução e revisão do Cadastro Único, base de dados que serve para identificar e conhecer as pessoas e famílias mais vulneráveis do país e, assim, ajudar o governo federal a desenvolver políticas públicas voltadas para essa população. Atualmente 28 programas federais utilizam a base do Cadastro Único para a gestão de suas ações, como o Bolsa Família, o Benefício de Prestação Continuada, a Tarifa Social de Energia Elétrica, entre outros.

> Em 2023, em termos de políticas públicas sobre segurança alimentar, os primeiros passos foram de reconstrução de um arcabouço administrativo, legal e político que foi intencionalmente destruído

Ao se inscrever ou atualizar seus dados no Cadastro Único, o cidadão estará apto a participar de diversos programas sociais dos governos federal, estadual, municipal e do Distrito Federal. A inscrição no Cadastro Único garante que os órgãos gestores dos outros programas direcionem os serviços e benefícios a quem realmente precisa, aos mais pobres e vulneráveis.

"Quando falo da reconstrução do Cadastro Único não é só uma imagem. É preciso uma reconstrução física mesmo. As informações que tivemos dão conta que até os servidores de computação que processam e armazenam os dados do cadastro foram intencionalmente queimados."

Nesse processo de reconstrução do Cadastro Único, a Ação da Cidadania lidera uma experiência piloto no Rio de Janeiro que deve ser estendida a todo país, quando passar da fase de testes. A busca ativa para localizar vulneráveis deve ser agilizada por meio de um programa-robô, que permitirá que voluntários chequem se determinada pessoa em situação de vulnerabilidade têm direito de acesso ao Bolsa Família e encaminhá-la e orientá-la para o devido cadastramento.

Kiko cita um exemplo que conheceu. "A avó cuidava de duas crianças órfãs. O pai tinha morrido, e a mãe, desaparecido. Ela cuidava das crianças, mas não sabia como proceder para receber o valor extra do Bolsa Família destinado a crianças e adolescentes. A busca ativa faz com que uma assistente social localize essa avó e a oriente em como proceder para ter acesso ao programa".

Não há números precisos de quantos vulneráveis estão fora do Bolsa Família, mas se acredita que esteja na casa do milhão de pessoas.

"Vamos usar nossas lideranças comunitárias para achar e ajudar essas pessoas", conta Kiko.

Outra ação relevante iniciada em 2023 foi a criação do Pacto Contra a Fome, movimento multissetorial e suprapartidário da sociedade civil para atuar junto ao governo na erradicação da fome, na segurança alimentar e na redução do desperdício de alimentos.

FOTO: ZÔ GUIMARÃES

> **A FOME É UMA QUESTÃO TRANSVERSAL. AFETA A EDUCAÇÃO, A SAÚDE, O AMBIENTE, A ECONOMIA E A DEMOCRACIA."**
>
> _Kiko Afonso

Uma das questões que o pacto se concentra é buscar formas de aproveitar comida jogada fora, por exemplo, por supermercados, lojas e restaurantes, enquanto milhões de pessoas passam fome no Brasil. Cada um pode contribuir para reduzir o desperdício de alimentos dentro da sua realidade. O pacto busca encontrar caminhos tecnológicos, empresariais e individuais para isso. "A redução do desperdício de alimentos pode barateá-los e, por consequência, ampliar o acesso a eles por parte dos mais pobres", afirma Kiko.

Apesar de toda a movimentação da sociedade e do governo, a demanda da fome segue como brutal, na visão de quem atua diretamente com vulneráveis. "A situação continua muito grave", disse o diretor-executivo da Ação da Cidadania.

As doações de empresas e pessoas físicas despencaram na comparação entre 2023 e 2022. Em 2023, a arrecadação se mantém em 10% daquilo que se obteve em 2022. "Houve uma queda muito grande de doações. O problema da fome só aparece quando a sociedade está engajada nele. E esse engajamento vai e volta. Aumenta quando fazemos campanhas que focam o assunto, diminui quando o tema some da mídia e das redes sociais", complementa Kiko. "A fome é uma questão transversal. Afeta a educação, a saúde, o ambiente, a economia e a democracia. Nem sempre isso fica claro para todos."

FUNDO BETINHO, SEGURO BONANÇA CONTRA TEMPESTADES

05

A tecnologia se torna essencial para garantir estabilidade e planejamento das atividades

FOTO: BRENO LIMA

O mais importante marco da comemoração dos 30 anos de atuação ininterrupta da Ação da Cidadania foi a criação do Fundo Betinho, anunciado em abril de 2023. Esse fundo patrimonial somava, à época do seu lançamento, R$ 45 milhões (US$ 9 milhões), oriundos de doações de pessoas físicas e jurídicas.

O Fundo Betinho foi classificado como um dos cinco maiores fundos patrimoniais da sociedade civil brasileira. De modo simplificado, os rendimentos dos recursos investidos nesse fundo assegurarão a continuidade das ações da ONG no combate à fome, no aprimoramento da cidadania, na formação de líderes e na qualificação de mão de obra. Parte das contribuições de caráter livre que a entidade recebe serão aplicadas no Fundo Betinho. Apenas os rendimentos que giram em torno de 1% ao mês serão resgatados para custear as ações da entidade.

"O Fundo Betinho financiará as atividades da Ação da Cidadania de maneira perene, pois as doações têm altos e baixos", afirmou Kiko Afonso, diretor-executivo da Ação da Cidadania. "Nossa meta é ser o maior fundo patrimonial do país entre as organizações da sociedade civil. Isso permite independência em relação a governos e a momentos de queda nas doações", declarou.

Em 2022, as doações à Ação da Cidadania bateram recorde histórico. Chegaram a R$ 115 milhões, de acordo com dados de relatório preliminar, crescimento de 45% em relação ao ano anterior. Para uma base de comparação do crescimento expressivo dos últimos anos, em 2017 a Ação registrava receitas de apenas R$ 1,4 milhão, terminando o ano com superávit de R$ 5,5 milhões.

Como exemplo de transformação social, o uso da tecnologia se tornou prioridade na ONG. Tanto no seu funcionamento interno quanto nas possibilidades de arrecadação. São projetos como o que permite doação para a Ação por meio de aplicativos de entrega. Desde a pandemia o iFood capta doações para a Ação. A campanha arrecadou mais de 60 toneladas de alimentos para distribuir para pessoas em situação vulnerável. A doação pelo app é contínua, ou seja, a pessoa pode doar sempre que quiser pelo iFood. As cestas básicas serão destinadas para cidades de todas as regiões do Brasil, conforme a necessidade da população.

Outro exemplo do uso de tecnologia social foi o acordo com a Mastercard que permitiu que usuários de cartões de crédito e de débito fizessem doações diretas à Ação da Cidadania, arredondando os centavos de suas compras.

Para assegurar a confiabilidade dos números contábeis, a Ação contratou auditoria externa e ampliou a profissionalização do setor econômico financeiro.

A economista Eneide Maia de Castro assumiu a diretoria administrativa-financeira da Ação da Cidadania em abril de 2021. Filha de agricultores nordestinos, Eneide brinca que se casou com a geografia da fome, porque seu primeiro marido era neto de Josué de Castro (1938-1973). Escritor, médico e político brasileiro, Castro publicou em 1946 o livro "Geografia da Fome", que se tornou um marco na história da luta contra a fome no Brasil e no mundo. Castro faz uma análise profunda da fome e da miséria no Nordeste do Brasil, e mostra como esses problemas estão relacionados com a falta de acesso à terra, à água e à educação. Ele já argumentava que a fome não era uma questão apenas de falta de comida, mas sim de falta de justiça social e de direitos humanos.

"E no início da carreira acadêmica, fiz toda a minha parte de economia voltada para a área de segurança alimentar. Então eu estudei muito sobre segurança alimentar, reforma agrária, municipalização das ações, que era a compra dos alimentos pelos próprios municípios. Foram temas que eu deixei durante algum tempo e fui reencontrar aqui na Ação", contou Eneide.

O convite para gerir as contas da Ação embutia um desafio: "Queremos crescer", ouviu do diretor-executivo Kiko Afonso. "O primeiro momento foi de criar processos, implantar sistemas de controle financeiro, criar políticas internas de compras e definir a adesão a conformidades estabelecidas pelas autoridades reguladoras, por exemplo. Tínhamos de deixar claro o que pode e o que não pode. Onde aloca despesa? O gasto está planejado ou não planejado? A cultura de uma instituição como esta, em geral, é muito viver o dia a dia, sem dar prioridade para o planejamento."

A solidez da ONG e a transparência dos números são elementos essenciais para parcerias e doações de pessoas jurídicas e físicas. Prestação de contas é um dever de transparência e responsabilidade em instituições como a Ação da Cidadania. É parte importante da governança corporativa, que se define como decisões de gestão que afetam seus doadores, funcionários e beneficiários diretos de suas ações de ponta.

Prestação de contas é um dever de transparência e responsabilidade em instituições como a Ação da Cidadania

"O desafio do financeiro foi demonstrar que temos uma estrutura suficiente para avisar para o mercado: não vou fechar minhas portas no mês que vem. Somos uma instituição sólida do ponto de vista financeiro. Contraditoriamente, não posso prioritariamente guardar dinheiro porque quem tem fome tem pressa. É preciso encontrar o equilíbrio entre as contas que paga e o recurso necessário para as ações da Ação, as emergenciais e as planejadas. Temos muitos planos. Planos ambiciosos, que precisam de recursos", define Eneide.

A economista cita as dificuldades da rotina financeira do dia a dia. "Às vezes não posso comprar comida no lugar mais próximo da área necessitada, porque o fornecedor local é informal e não tem como emitir a nota fiscal. Temos de ser legalistas, mas sem perder a essência de apoiar o pequeno, que muitas vezes está à margem da formalidade legal." A forma que encontrou para chegar a um equilíbrio foi o que chama de educar a demanda. "Quando melhoro o processo de compra feito em um mercado em Roraima, por exemplo, melhoro também a outra ponta. Ou seja, oriento para que aquele mercado formalize sua contabilidade para que a gente possa comprar dos produtores locais."

A inclusão do empreendedor também faz parte da inclusão social. "Queremos incluir pessoas nesse processo e não excluir. Uma mulher, por exemplo, que vende ovos no cantinho dela durante dez anos, mas não tem como emitir nota fiscal. Se eu não a oriento de como proceder para emitir nota, estou condenando-a a ficar no limbo. Eu digo: tenho demanda para comprar sua produção

Marcelo Jambeiro e Julia Schuback apresentam a Cozinha Solidária para Márcia Vaz (à esquerda), gerente de responsabilidade social da parceira Rio Ônibus.
FOTO: CIRO ANDRADE

de ovo, mas você precisa se estruturar. Vou ajudar você nisso. Quem lida com empreendedorismo social sabe que os pequenos negócios nem sempre são formais. Nossa meta em 2023 é formalizar o maior número possível desses empreendedores para que a gente possa comprar deles. Esse é o papel que a gente pode fomentar."

Em uma instituição preocupada com o impacto social, simples compras se tornam questões essenciais. "Se eu compro de um grande, compro com preço menor e eu atendo mais gente. Mas, se eu compro do grande, eu não estimulo a economia local. Se não estimulo a economia local, não incluo o pequeno e não estou fazendo meu papel de apoiar os que mais precisam. São sempre decisões difíceis."

A saída, diz ela, é ter uma ação mais estrutural do que conjuntural. "Trabalhamos dentro de um mundo de limitações. Quem trabalha na área financeira tem uma tendência de ser chamado de desumana. Sou humana, digo, mas não posso pagar isso aqui porque dará problema."

As grandes empresas e os grandes doadores cobram que a ONG seja estruturada. Tem de ter números auditáveis, confiáveis, certidões de nada consta. Assim, transparência administrativa

> **NOSSA META EM 2023 É FORMALIZAR O MAIOR NÚMERO POSSÍVEL DE EMPREENDEDORES PARA QUE A GENTE POSSA COMPRAR DELES. ESSE É O PAPEL QUE A GENTE PODE FOMENTAR."**
>
> _**Eneide de Castro**, diretora administrativa financeira da Ação da Cidadania

financeira também se torna capital social e humano. Quem cuida do dinheiro também é boa gente.

A estratégia para os próximos 30 anos inclui a contínua ampliação da participação de empresas no financiamento da entidade. Em 2022, a ONG brasileira recebeu as duas maiores doações feitas por Facebook e Mastercard fora dos Estados Unidos. Para essa área estratégica, a Ação designou Marcelo Jambeiro, que desde 2022 atua como gerente de captação de recursos e relações institucionais da entidade.

O paulistano Marcelo Jambeiro, formado em propaganda e marketing, conta que sempre quis atuar no setor social. Em 2015, começou em empresas de tecnologia, provendo serviços para organizações do terceiro setor. Durante a pandemia do coronavírus, focou o trabalho em usar a visibilidade de artistas nas redes sociais para chamar atenção para o aumento dos brasileiros em insegurança alimentar. Em transmissões nas redes, conseguiu arrecadar quase R$ 1 milhão em doações. Assim, aproximou-se da Ação da Cidadania, para a qual começou a trabalhar em fevereiro de 2022, numa função até então inexistente: captador de recursos. "Eu me dedico ao relacionamento com as empresas e os filantropos. É um trabalho de mapeamento das empresas que estão atuando na questão social, buscando aquelas que podem apoiar a segurança alimentar e tentar desenvolver um relacionamento com elas. Tem que ser uma relação ganha-ganha. A empresa quer contribuir, quer gerar impacto, e quer poder comunicar aquilo para os seus públicos", resumiu ele.

Na construção de parcerias, Jambeiro cita como valores essenciais transparência, credibilidade e reputação. "A Ação desfruta de 30 anos cultuando esses valores essenciais, com uma continuidade consistente de atuação. Isso abre portas."

O objetivo de Jambeiro é mais do que obter doações esparsas. Pretende estabelecer parcerias amplas e contínuas. Para tal, a Ação pretende estruturar processos que facilitem a criação de laços eficientes com doadores.

Um exemplo prático foi encomendar um mapeamento dos investidores sociais ao IDIS (Instituto para o Desenvolvimento do Investimento Social), uma organização da sociedade civil de interesse público fundada em 1999, pioneira no apoio técnico a esse tipo de ação no Brasil. "Eles são autoridade no sentido de ter essa relação com os investidores sociais, empresas, grandes doadores, pessoas que deixam suas heranças, pessoas que têm muito dinheiro e preocupação social. Estamos indo a campo para conhecer as empresas que estão atuando no social, entender as dificuldades daquelas que não estão atuando. Levantamos quais têm como foco a segurança alimentar. Entre aquelas que não estão voltadas para esse item, quais poderiam se interessar? Em que áreas do Brasil? Em que tipo de projetos? Estão interessadas em projetos mais estruturantes ou projetos mais emergenciais? Que tipos de incentivo buscam? São essas as questões que buscamos responder com esse mapeamento."

Jambeiro diz que essas informações são essenciais para entender o que buscam os doadores para poder oferecer contrapartidas relevantes como entidade beneficiada. A construção sistematizada da relação com doadores permitirá que a Ação se estruture e se posicione de forma mais eficiente na busca de seus objetivos de impacto na sociedade. "O mundo ideal para praticamente todas as organizações é ter fontes variados de entrada de receita. De certa maneira, é fazer com que a sociedade ratifique a importância da sua existência."

Para os próximos dois anos, a meta da Ação da Cidadania é arrecadar doações que atinjam R$ 150 milhões. "Não há como dar esse salto sem ter um olhar mais estruturante e organizar as coisas de modo profissional. Se temos um projeto ambicioso, temos de mostrar quantas pessoas serão impactadas. Temos de ter essa transparência. Existe o dinheiro do doador pessoa física, que doa para a sua missão, que acredita que a Ação vai fazer o melhor uso desse dinheiro. Há empresas que doam para a sua missão e dizem: use da melhor maneira. E há empresas que querem doar para projetos. Aí é o dinheiro carimbado."

Outra área em fase de estruturação é a captação de doações internacionais. A Ação da Cidadania está em contato com entidades que fazem a curadoria de causas para doadores de grande porte. Essas entidades emitem certificados, atestando qualificação e atuação de impacto, o que abre a possibilidade de obtenção de recursos de grandes doadores internacionais. "Um grande doador pode procurar a Charities Aid Foudantion, que apresenta um grupo de organizações respeitadas e que atuam numa região específica. E ele escolhe para quais quer doar. Isso abre muitas possibilidades", exemplifica Jambeiro.

A inserção internacional inclui, por exemplo, a presença em banco de dados norte-americano que faz equivalência entre entidades nacionais e internacionais. "Sabendo que somos uma entidade internacional que atua em sintonia com uma entidade nacional que ele conhece, esse doador americano pode fazer uma escolha mais precisa. Acabamos de receber uma doação anônima de US$ 25 mil a partir da inclusão da Ação nesse cadastro internacional".

Jambeiro afirma que a aproximação com empresas não muda nem contradiz os valores que a entidade define. "Somos suprapartidários, mas somos políticos. A fome, como diria Betinho, é política. Temos que manter a nossa agenda de políticas públicas, independentemente de quais sejam os governantes e os doadores".

Alimentação saudável servida em mil refeições por dia.
FOTO: RATÃO DINIZ

O QUE MOVE TODA AÇÃO

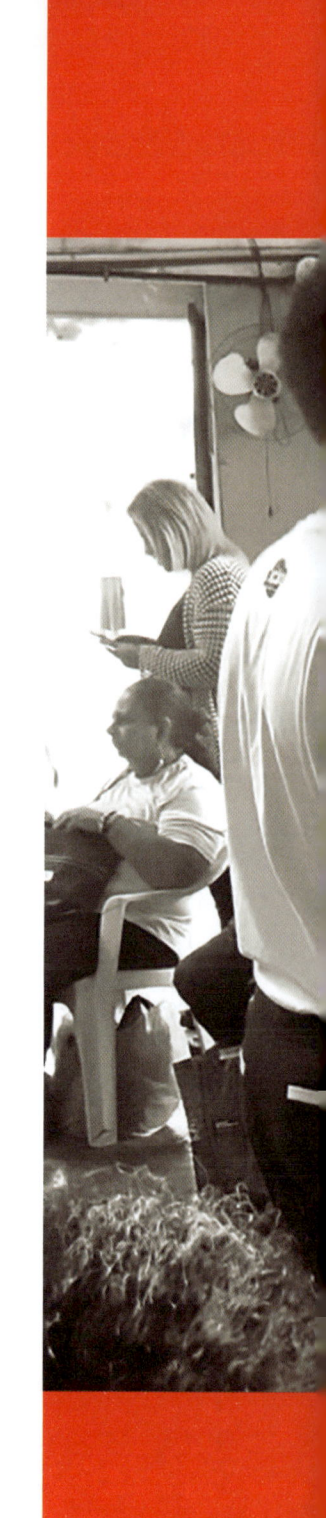

06

As lideranças da Ação ajudam a construir a cidadania, propondo soluções para políticas públicas

Na origem da campanha contra a fome havia mais do que o estímulo a doações caridosas esporádicas. Cidadania não se resume apenas ao direito de votar e ser votado, mas sim à participação ativa dos cidadãos na construção de uma sociedade mais justa e igualitária.

O futuro da Ação da Cidadania está sendo planejado para voltar seu foco fundamentalmente para essa linha mais ampla de combate social.

A Ação deseja acumular conhecimento e apoio social para a sugestão, monitoramento da execução e aprimoramento de políticas públicas em favor não só da segurança alimentar, mas também da formação de quadros e lideranças que possam encampar a luta pela ampliação dos direitos cidadãos.

Campanhas emergenciais de socorro à população privada de comida sempre serão necessárias e pontuais. Estão na origem da Ação da Cidadania. A garantia plena de segurança alimentar, no entanto, exige empenho da sociedade civil e dos governantes em níveis mais estruturantes e profundos. Em poucas palavras, na busca da cidadania plena.

No campo político-parlamentar, *lobby* e *advocacy* se confundem necessariamente. Monitorar a tramitação de políticas públicas passa a ser atividade fundamental para convencimento dos legisladores.

O valor mais importante nesse embate de convencimento é mostrar como políticas decididas nos níveis mais altos dos poderes Executivo e Legislativo impactam o cidadão que está na ponta. Uma das propostas da Agenda Betinho, por exemplo, é o fortalecimento do Sistema Nacional de Segurança Alimentar e Nutricional (Sisan). Dentro do Sisan existem os conselhos municipais, estaduais e o

A Agenda Betinho trouxe propostas para os candidatos ao Legislativo e Executivo.
FOTO: BRENO LIMA

APONTE O CELULAR E ACESSE A AGENDA BETINHO EM:
https:bit.ly/3ql9SdY

A pandemia da covid-19 não inventou a fome no Brasil, mas expôs, alargou e aprofundou as desigualdades históricas que ferem o acesso à alimentação adequada e saudável

nacional. A Ação da Cidadania incentiva lideranças a participarem dos conselhos nos seus municípios e nos seus estados, porque são nesses conselhos que são debatidas as políticas públicas que atingem diretamente o cidadão.

A primeira edição da Agenda Betinho foi publicada em 2020. Apresentou 40 propostas nas áreas de produção e abastecimento de alimentos saudáveis; acesso à alimentação saudável; fortalecimento do Sisan; e educação alimentar e nutricional, visando ao desenvolvimento e ao fortalecimento das políticas públicas municipais de segurança alimentar e nutricional, em todo o Brasil.

Entre 2021 e 2022, foram impressas e distribuídas 12.500 agendas para os 26 estados brasileiros e o Distrito Federal, com a intenção de subsidiar candidatos/as aos poderes Legislativo e Executivo municipais, no desenvolvimento de planos de governo comprometidos com a segurança alimentar, além de oferecer apoio para lideranças comunitárias e ações de cobrança de políticas públicas contra a fome e a miséria.

A segunda edição da Agenda Betinho direcionou-se a candidaturas das eleições estaduais e presidencial em 2022, gestões públicas estaduais e nacional, rede nacional de comitês da Ação da Cidadania, eleitores/as e a sociedade civil organizada.

Partia de um alerta para o agravamento do quadro presidencial que já se tornara claro naquele ano.

"A grave situação de fome que vivenciamos na atualidade é um problema estrutural potencializado por uma crise sanitária e política. A pandemia da covid-19 não inventou a fome no Brasil, mas expôs, alargou e aprofundou as desigualdades históricas que ferem o acesso à alimentação adequada e saudável", diagnosticava o documento.

O contexto que antecedeu a pandemia já se apresentava preocupante. Estava evidente a estagnação econômica, com reflexo no grande contingente da população com trabalho informal. A desproteção da classe trabalhadora acentuou-se com a reforma trabalhista e previdenciária, ampliando a vulnerabilidade social. Desde o ano de 2015, o crescimento da extrema pobreza aumentou, assim como aumentou a violência contra os povos originários e as comunidades tradicionais, acampados e assentados da reforma agrária. Ampliaram-se também as barreiras de acesso à terra, dificultando as possibilidades de subsistência.

Tal quadro foi agravado pelo desmonte das políticas sociais públicas federais e com a redução e/ou precarização dos equipamentos públicos voltados para a segurança alimentar e para a saúde pública. É possível citar como exemplo o Programa Nacional de Alimentação Escolar. Criado em 1955, o programa é a mais antiga política de alimentação nacional. Seu principal objetivo é fornecer alimentação adequada e saudável aos estudantes da educação básica das escolas públicas brasileiras. Desde 2009, a lei exige que 30% dos produtos adquiridos para a alimentação escolar tenham origem na agricultura familiar, priorizando as comunidades tradicionais indígenas, de remanescentes de quilombos e de assentados/as da reforma agrária. As verbas do programa entre 2019 e 2022 foram praticamente eliminadas, minando seu funcionamento efetivo.

NA **AGENDA BETINHO 2022**, A AÇÃO DA CIDADANIA PROPUNHA AOS CANDIDATOS QUE ADERISSEM A UMA SÉRIE DE PROPOSTAS CONCRETAS E QUE JÁ SE MOSTRARAM CAPAZES DE PRODUZIR IMPACTO SOCIAL:

- Desonerar os itens alimentares da cesta básica e promover práticas tributárias que desestimulem o consumo de alimentos ultra-processados e agrotóxicos, entre outros itens;

- Promover políticas que facilitem a produção e a distribuição de frutas, legumes e hortaliças, especialmente para as pessoas em insegurança alimentar grave. Implementar a cesta verde e/ou cartão verde associados a programas de educação alimentar e nutricional;

- Priorizar a proteção social nas políticas de pesca, uma vez que pescados são proporcionalmente mais consumidos pelas pessoas em situação de insegurança alimentar, nas áreas rural e urbana, especialmente na Região Norte;

- Oferecer subsídios especiais (melhores financiamentos) para alimentos definidos como essenciais para a alimentação da população brasileira;

- Dar preferência para financiamentos de produtores/as nacionais, em especial, pequenos/as e médios/as produtores/as, além de garantir recursos para o Programa Nacional de Fortalecimento da Agricultura Familiar.

Na eleição presidencial de 2022, pela primeira vez a Ação da Cidadania tomou partido. Não apoiou um candidato determinado no primeiro turno, mas indicou que era contraditório com seus princípios o endosso à reeleição do então presidente Jair Bolsonaro.

Daniel Souza, presidente do Conselho da Ação, relembrou o momento em que se posicionou publicamente nesse sentido em meio a uma plenária com centenas de militantes. "Eu disse: não dá para gostar do Betinho, atuar na Ação da Cidadania e votar no Bolsonaro. Alguns ficaram com bico, com cara feia. Até porque muitas igrejas têm influência nesses militantes muito maior do que a gente. Eu me coloquei como filho do Betinho e falei da incoerência de falar do Betinho e gostar do Bolsonaro. No segundo turno, nos posicionamos pela primeira vez em 30 anos. Pedimos voto contra Bolsonaro."

Daniel celebra que Betinho sempre foi capaz de juntar numa mesa mesmo aqueles com visões diametralmente opostas. Essa continuará sendo a regra geral. "Os comitês da Ação continuam simbolizando essa diversidade. Temos gente de esquerda, gente de direita. Temos pastores e pais e mães de santo. Temos jovens e idosos. A diversidade brasileira está refletida na diversidade dos comitês. E esse é um compromisso nosso."

Mariana Pedron Macário é especialista em políticas públicas e combate às desigualdades. Mestre em filosofia e teoria geral do direito, ocupa o cargo de gerente de *Advocacy* da Ação da Cidadania. Mariana está voltada para os contatos com os poderes Executivo, Legislativo e Judiciário e com entidades que atuem em parcerias com eles.

Durante a pandemia, dedicou o tempo livre para produzir, com a família, alimentos prontos para serem distribuídos a pessoas em situação de risco alimentar. A partir de uma rede de amigos, chegou a produzir 80 refeições prontas por dia, que eram distribuídas na região de Heliópolis, na zona sul de São Paulo. Heliópolis abriga a segunda maior favela da América Latina, com mais de 200 mil moradores.

Com esse trabalho voluntário, conheceu diversas lideranças comunitárias femininas que atuam na periferia de São Paulo. A preocupação com a insegurança alimentar aumentou a

APONTE O CELULAR
E VEJA O VÍDEO EM:
https://bit.ly/3Qs22de

partir das experiências que conhecia no dia a dia deste trabalho. Não demorou para se engajar nas redes sociais da Ação da Cidadania durante as campanhas para minorar o sofrimento de vulneráveis. Acabou por ser convidada para integrar o time da entidade no final de 2022.

Sua função principal é acompanhar a formação e o desenvolvimento de decisões governamentais e legislativas a respeito da segurança alimentar. "Todo dia de manhã me pergunto: quais são as questões que estão em pauta? Como podemos influenciar? Com quem precisamos falar? Quais tarefas precisamos cumprir? Vamos olhando para isso tudo e falando com os técnicos nos diversos ministérios, os assessores parlamentares. Como está sendo o processo de tomada de decisão? Quem são as outras organizações que podem ser nossas parceiras nesse tema? Quem são as empresas? Quem são os ativistas dos acadêmicos? Essas são as perguntas que tenho de responder na minha rotina."

Mariana busca dados que podem ser usados para atestar o impacto de uma medida administrativa ou de um projeto de lei, por exemplo. Discute novas campanhas que a Ação pode assumir ou em que campanhas lançadas por parceiros a entidade pode se engajar. "Há uma série de análises necessárias para decidir as estratégias políticas mais eficientes. Minha rotina não tem nada a ver, por exemplo, com a distribuição de cestas de alimentação. Minha rotina é tentar antecipar o que podemos fazer para daqui a dois anos a situação que gerou aquela emergência das cestas básicas não se repita."

Daí a importância de ações que causem impacto na construção de políticas públicas estruturantes. Não só em termos de governo federal, mas também em relação a estados e municípios. "No Brasil, o poder central, o governo federal, acaba tendo mais poder. Concentra mais recursos e pode criar políticas de impacto mais amplo", analisa. Ela reconhece que o sucesso de seu trabalho só aparece a longo prazo. "Não é tão fácil e simples de mostrar. Nossa agenda passa por vários assuntos que estão ligados à soberania e à segurança alimentar e nutricional, que por vezes estão intrincados em outros problemas."

Mariana cita como um exemplo de agenda estrutural que se dedica a defesa da ampliação do direito ao acesso à terra. "Muitos dos problemas de acesso a alimentos, por falta ou preço elevado, muitos dos problemas da pobreza no campo, da falta de renda desses trabalhadores, vêm das dificuldades ao acesso da terra."

Ao mesmo tempo, ela tem de acompanhar os desdobramentos e embasar a análise das políticas públicas focais, como programas de transferência de renda ou dos estoques reguladores de comida, que afetam vulneráveis quando os preços estão altos e a inflação elevada. "Uma série de acontecimentos determinam que um vulnerável não consiga comprar sal, tomate ou feijão. Várias decisões foram tomadas pelo governo até que isso cause impacto lá na ponta. Tentamos identificar e modificar essas decisões." Ela gosta de citar como um exemplo de orgulho para os brasileiros o Programa Nacional de Alimentação Escolar. "O impacto da merenda da escola na redução da insegurança alimentar é gigante. Quando um governo depaupera o programa, os efeitos são devastadores", conta ela.

No Congresso Nacional são debatidos, ainda, temas de importância fundamental como a reforma tributária ou o marco regulatório para atuação de organizações não governamentais, que exigem acompanhamento, participação e engajamento de entidades e cidadãos. "Temos que manter viva a ideia de que o terceiro setor é importante para que tenhamos uma sociedade civil forte. A sociedade civil é essencial para a defesa da democracia, em especial quando ela está sob ataque, como aconteceu em tempos recentes."

A escritora Maria Carolina de Jesus (1914-1977) produziu uma frase-sintoma da insegurança alimentar brasileira. "A fome é uma invenção dos que comem", sintetizou. Mariana gosta de recorrer à frase para explicar a encrenca nacional. "Quem está lá passando fome está sofrendo as consequências de quem tinha poder de tomar decisões. Isso passa pela prática política, passa pelo governo, por nós, que decidimos quem elegemos e quem apoiamos."

Mariana repete então a frase essencial de Betinho: a causa da fome é política. "Tomamos decisões que nos trouxeram até aqui. A fome não é um fenômeno individual. A fome não é um acidente, ela é um projeto político. E sua erradicação também precisa ser. Se indignar com a fome é necessário, mas é pouco; precisamos investir nas medidas que sabidamente combatem essa realidade."

Além de inúmeras ações emergenciais que distribuem comida por todos os estados do Brasil, as organizações da sociedade civil estão

> **"A FOME NÃO É UM FENÔMENO INDIVIDUAL. A FOME NÃO É UM ACIDENTE, ELA É UM PROJETO POLÍTICO. E SUA ERRADICAÇÃO TAMBÉM PRECISA SER."**

_Mariana Macário, especialista em políticas públicas e combate às desigualdades

intensamente dedicadas a criar, em diálogo e cooperação com o poder público, medidas estruturantes para que o Brasil avance.

"O Brasil sabe combater a fome. Mas o efeito só será duradouro se construído com participação popular e educação para a cidadania, somada à cooperação entre os entes sociais. É crucial unir e coordenar poder público, sociedade civil e iniciativa privada, a partir da compreensão das causas da fome e de um pacto pela sua erradicação. E caminhar sem ignorar as desigualdades — de gênero e de raça, principalmente — que agravam o contexto de alguns grupos", aponta Mariana.

Para que o Brasil saia da indignação com a fome e passe para um projeto de sociedade onde ela não exista mais, é preciso conscientização e engajamento. E perseverança para que, em alguns anos, tudo não seja colocado em risco novamente.

O SELO BETINHO

07

Lideranças ampliam sua capacidade de refletir e aprendem como influenciar nas políticas públicas

FOTO LUCIOLA VILLELA

Pedagoga por formação, Ana Paula Pinto de Souza é coordenadora de Ações Sociais da Ação da Cidadania desde 2009. Se Mariana Macário volta seu papel de articuladora política para as esferas do poder político, Ana Paula atua diretamente com os movimentos sociais, as redes de cidadania que estão na linha de frente do combate à crise brasileira. No início de sua carreira, ela atuava com educação popular e mobilização de lideranças comunitárias, principalmente as atuantes na região da Baixada Fluminense. Ela trouxe a metodologia participativa para a Ação, integrando lideranças comunitárias e ativistas de ONGs com os movimentos sociais, com o objetivo de desenvolver a cidadania.

"São os tomadores de decisão que estão falando sobre combate à fome, que estão aprovando as leis que interessam para o combate à fome, para a segurança alimentar. Temos de fazer esse monitoramento, participar de audiências públicas e provocar a construção de novas políticas públicas sobre esse tema. Os defensores do agronegócio e das grandes indústrias do alimento estão lá fazendo seu *lobby* para aprovar a lei dos seus interesses. Temos de desenvolver conteúdos, processar e tabular informações que municiem o debate a partir do nosso ponto de vista", disse Ana Paula.

Ativista desde a juventude, escolheu a formação em pedagogia preocupada com o entendimento do papel da transformação social no indivíduo como prática da cidadania. "Escolhi essa carreira por acreditar que a ação de transformação social deveria ser ensinada na escola", lembra ela. "Trabalhamos a transformação pessoal e social simultaneamente. Acreditamos que para transformar qualquer coisa no seu entorno, é preciso, também, de uma transformação pessoal."

Ana Paula se aproximou da Ação da Cidadania quando apresentada às formas de atuação dos comitês regionais. Ela esteve presente em uma das plenárias, na qual foram reunidas cerca de 500

Centenas de lideranças participaram dos cursos de Formação Política da Ação da Cidadania.
FOTO: LUCIOLA VILLELA

lideranças comunitárias para discutir e tomar decisões relativas aos projetos da ONG. É um espaço de debate e deliberação, onde todos têm a oportunidade de expressar suas opiniões e ideias. "Era um público muito diverso de lideranças comunitárias, religiosas, de associações de moradores e pessoas que tinham ONGs formalizadas. Havia ainda pessoas que eram referências informais na comunidade. Aquela liderança que sabe tudo, que faz a festa do Dia das Crianças, que faz a festa do Dia das Mães, que faz o Natal, que encaminha as famílias que não têm documento para o local adequado. É uma liderança que parece um assistente social, mas é só uma pessoa voluntária. Não ganha nada, mas que sabe tudo. Orienta quem quer fazer casamento, enterro, tirar documentos, adotar uma criança, localizar desaparecido. Esse era o perfil de parte do público dessa primeira plenária. E o que tinha em comum para aquelas pessoas todas era o tema da fome, porque ali todo mundo fazia uma ação em territórios de vulneráveis."

Seu primeiro trabalho foi atuar na qualificação de formadores de espaços de incentivo à leitura. O objetivo era formar espaços de leitura e trabalhar com analfabetismo funcional. Estruturou um curso para incentivar nas crianças e jovens o hábito da leitura e para orientar lideranças comunitárias para construírem esses espaços de leitura em seus territórios.

"Fazíamos muitas oficinas temáticas, trabalhando a questão da leitura de diversas formas: por meio da contação de histórias, oficinas lúdicas... era um trabalho com poucos recursos, mas de muito aprendizado. Era muita atividade prática nos territórios das lideranças."

Durante a pandemia do coronavírus entre 2021 e 2022, apareceu a necessidade de criar um curso de formação política e soberania e segurança alimentar para os comitês da Ação da Cidadania em todo o Brasil. "Nesse curso, abordamos a questão da democracia, das notícias falsas, do racismo estrutural. Mostramos o eixo da fome como transversal a todas essas temáticas. E foi uma reflexão que mexeu com a cabeça de muita gente. Uma participante disse que só ali tinha entendido por que comer é um ato político, uma frase que costuma ouvir, mas não entender."

No curso de formação política realizado em 2023, mais de 350 lideranças participaram presencial ou virtualmente. "O curso de formação política permite a virada de chave. Porque muitos não têm outra referência política que vá além do pastor da igreja falando que esse aqui é do diabo e esse daqui não é, sem dar muita explicação. A partir deste curso ele começa a entender outros porquês, vai se aprofundar mais e começa a ter opinião própria, a partir dos parâmetros que reconhece como o coração de tudo."

Ana Paula mantém em mente as lições de Betinho, que dizia que a atuação tem de ser emergencial e estrutural. Tem de levar comida imediatamente para quem está precisando do alimento, mas tem que lutar por política pública que resolva o problema na raiz. "A Ação da Cidadania sempre trabalhou isso, mas o foco ficava muito na questão da arrecadação de alimentos nas campanhas. Mas isso é só uma parte."

Como forma efetiva de intervir no debate público, a Ação da Cidadania se prepara para lançar o Selo Betinho, uma forma de valorizar os municípios que adotem políticas públicas, equipamentos e formas de gestão que busquem a segurança alimentar. "Pretendemos aumentar a exposição dos municípios que estão trilhando caminhos eficientes e, ao mesmo tempo, fazer um alerta para os que não têm buscado esses caminhos."

A proposta ainda em gestação é que a avaliação do Selo Betinho englobe todos os 5.568 municípios brasileiros.

"O Selo Betinho pode ser uma ferramenta poderosa de discussão e indução de políticas públicas de segurança alimentar. É uma forma de controle social efetiva", aponta Ana Paula.

A avaliação de desempenho de políticas públicas é uma tarefa complexa que exige uma abordagem independente e rigorosa. Para garantir a imparcialidade e a qualidade dos resultados, é necessário que o estudo seja conduzido por uma equipe de especialistas com experiência em metodologias de avaliação e conhecimento do tema em questão.

Um dos principais desafios na avaliação de políticas públicas é definir os critérios e as métricas de desempenho. Para isso, é importante que sejam estabelecidos indicadores claros e objetivos que permitam medir o impacto das políticas públicas e avaliar se os objetivos foram alcançados. Outro aspecto fundamental é a transparência e a participação da sociedade no processo de avaliação. É importante que os resultados sejam divulgados de forma clara e acessível, e que haja espaço para o debate e a contribuição da sociedade na análise dos resultados.

O número de selos Betinho concedido a cada município dependerá dos investimentos de cada um. Imaginando que um município receba a pontuação máxima

Soledad García Muñoz, relatora especial da Comissão Interamericana de Direitos Humanos, visitou a sede da Ação da Cidadania e ouviu demandas de diversas organizações sociais que estiveram presentes no encontro.
FOTO: BRENO LIMA

> **"O SELO BETINHO PODE SER UMA FERRAMENTA PODEROSA DE DISCUSSÃO E INDUÇÃO DE POLÍTICAS PÚBLICAS DE SEGURANÇA ALIMENTAR. É UMA FORMA DE CONTROLE SOCIAL EFETIVA."**

_Ana Paula Souza, gerente de Advocacy

de cinco selos Betinho, ele precisaria comprovar adesão em diversas ações que se mostram eficientes na segurança alimentar. Por exemplo, tem restaurante popular, com comida acessível a população de baixa renda? Tem cozinha solidária com empenho na distribuição de comidas a pessoas vulneráveis e qualidade nutricional? Tem banco de alimentos com compromisso com a produção local? Tem conselho municipal propondo e avaliando as políticas que a prefeitura executa? Tem programas de incentivo a distribuição de renda, além do bolsa família federal? Compra alimentação escolar da agricultura familiar?

A avaliação de desempenho de políticas públicas por meio do Selo Betinho deve ser vista como um processo contínuo, que pretende que sejam estabelecidos mecanismos de monitoramento e avaliação ao longo do tempo, de forma a permitir a correção de rumos e a melhoria contínua das políticas públicas. As particularidades regionais precisam ser ajustadas para que não haja uma padronização apenas burocrática. Há cidades em que a necessidade de um restaurante popular é menor do que o investimento municipal no programa de aquisição de alimentos para a merenda escolar.

A criação do Selo Betinho segue o caminho a ser perseguido pela Ação da Cidadania de abraçar a tecnologia social, abordagem que busca soluções inovadoras para resolver problemas comunitários. Ela pode ser definida como um conjunto de técnicas, metodologias e ferramentas que visam promover o desenvolvimento humano e a melhoria das condições de vida da população.

O terceiro setor tem sido um grande aliado na implementação de tecnologias sociais, buscando novas formas de uso de dados para amplificar a relevância de projetos comunitários de impacto na sociedade. A utilização de dados é uma ferramenta poderosa para entender as necessidades da população e criar soluções que atendam a essas demandas.

Um modelo de tecnologia social que utiliza dados é o mapeamento participativo. Essa técnica consiste em envolver a comunidade na coleta e análise de informações sobre seu próprio território, permitindo que as pessoas se tornem protagonistas no processo de planejamento e desenvolvimento de projetos. Outro exemplo é o uso de plataformas digitais para conectar pessoas e organizações que trabalham em projetos sociais. Essas plataformas permitem que as pessoas compartilhem informações, recursos e experiências, ampliando o alcance e o impacto das iniciativas. Além disso, a análise de dados também pode ser utilizada para avaliar o impacto dos projetos sociais. É possível medir o impacto das iniciativas, identificar pontos fortes e fracos, e fazer ajustes para melhorar a eficácia das ações.

A tecnologia social é uma abordagem inovadora que tem sido cada vez mais utilizada pelo terceiro setor na busca por soluções para problemas sociais. Um modo efetivo disso é a criação de uma rede nacional de bancos de alimentos, despensas e cozinhas solidárias, organizada pela Ação da Cidadania em parceria com o Google Maps e com apoio técnico do Centro de Excelência contra a Fome do Programa Mundial de Alimentos das Nações Unidas (WFP) no Brasil.

Uma busca simples no Google Maps abre as portas para uma rede de solidariedade que alimenta milhares de pessoas.

Podem se cadastrar no sistema bancos de alimentos, despensas e cozinhas solidárias sob coordenação de entidades/lideranças da sociedade civil, sem fins lucrativos

Lançada em 2022, a rede ajuda na conexão com instituições que apoiam pessoas em situação de vulnerabilidade social e na localização de pontos de distribuição de alimentos e refeições gratuitas. Usuários da internet podem pesquisar por cozinhas solidárias na busca ou no Google Maps e encontrar os bancos de alimentos, as despensas e as cozinhas solidárias mais próximos. O diretor do Centro de Excelência contra a Fome do WFP no Brasil, Daniel Balaban, disse que a iniciativa tem potencial de ser replicada em outros países. "Existem muitas iniciativas no Brasil e a ideia é fazer com que as pessoas saibam onde buscar alimento, e que facilite também encontrar locais para doar. Sabemos que isso não resolve o problema da fome por completo, mas salva vidas."

O trabalho, que começou a ser feito em setembro de 2021, foi a primeira iniciativa do tipo na América Latina. O mapa já cataloga milhares de pontos em todas as regiões do país. Podem se cadastrar no sistema bancos de alimentos, despensas e cozinhas solidárias sob coordenação de entidades/lideranças da sociedade civil, sem fins lucrativos. O cadastro é gratuito, realizado por meio do site da Ação da Cidadania. A partir daí, é feito o processo de avaliação de alguns critérios, como atuação, público atendido, tempo de existência, estrutura e governança. Todas as entidades aprovadas têm acesso à Rede de Parceiros Apoiadores da Ação da Cidadania e aos conteúdos informativos e orientadores elaborados pela ONG com o apoio do Centro de Excelência contra a Fome do WFP.

O mapeamento dos bancos de alimentos, despensas e cozinhas solidárias em funcionamento no país cria assim uma rede unificada de entidades sem fins lucrativos que atuam contra o desperdício e na distribuição de alimentos e refeições. A Ação da Cidadania apoia as organizações da rede também com doações de cestas básicas.

Os bancos de alimentos atuam conectando os pontos de produção, armazenamento, distribuição e comercialização. Os bancos centralizam as doações em larga escala e distribuem gratuitamente para organizações sociais menores. Já as despensas são centros de distribuição onde as famílias têm acesso direto aos alimentos locais. Assim como os bancos, as despensas distribuem produtos *in natura*.

A nova rede brasileira buscou inspiração em iniciativas como a Feeding America, organização dos Estados Unidos que capitaneia 200 bancos de alimentos e 60 mil despensas de alimentos.

EXPRESSÃO BIOLÓGICA DOS MALES SOCIOLÓGICOS

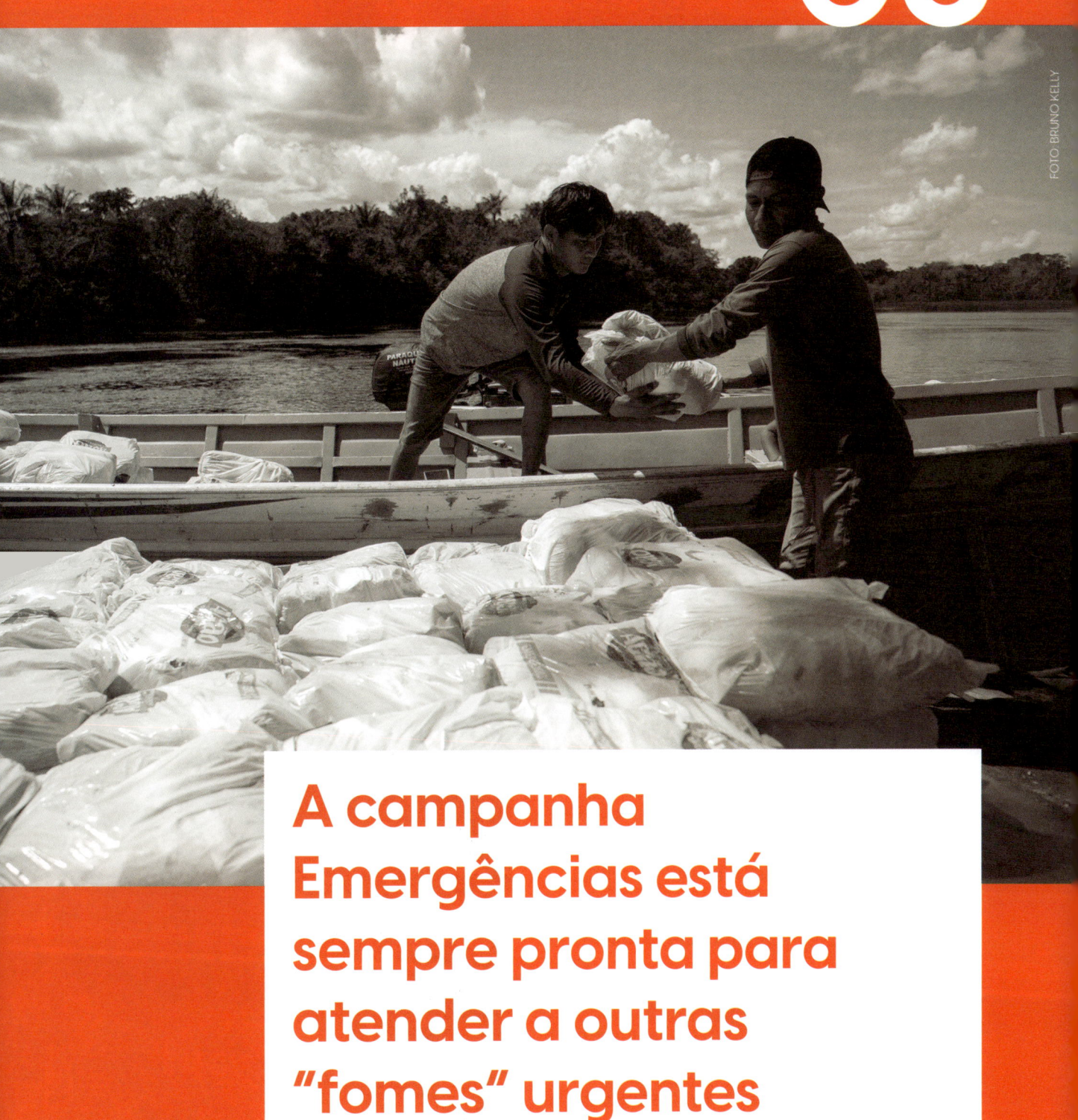

08

A campanha Emergências está sempre pronta para atender a outras "fomes" urgentes

APONTE O CELULAR
E VEJA O VÍDEO EM:
https://bit.ly/3Dll3An

A fome é a expressão biológica de males sociológicos, definiu magistralmente o geógrafo Josué de Castro. Está intimamente ligada com as distorções econômicas, a que Castro deu, antes de todo mundo, a designação de "subdesenvolvimento". Ele se perguntava quais os fatores ocultos do que chamava de "verdadeira conspiração de silêncio" em torno da fome. Ele apontava que o silêncio premeditado que tornou a fome um tema proibido, ou pelo menos pouco aconselhável de ser abordado publicamente, tem origem em preconceitos morais e, principalmente, nos interesses econômicos das minorias dominantes, que trabalham para escamotear o fenômeno da fome.

Não é fácil se insurgir contra esse sistema. As três décadas de atuação ininterrupta contra a fome mostram que a Ação da Cidadania se empenha no bom combate, apesar das dificuldades gigantescas.

Nos últimos três anos, com o agravamento da fome diante da pandemia do coronavírus, a Ação da Cidadania ampliou sua rede de entidades atendidas em todo o país, e passou a realizar, além do Natal sem Fome, considerada a maior campanha solidária de arrecadação de alimentos da América

Latina, a Brasil sem Fome, que reúne doações ao longo do ano. De 2020 para cá, as duas campanhas doaram, juntas, 1,1 milhão de cestas básicas, milhares de kits de higiene e limpeza, e 450 mil botijões de gás, esses como parte do projeto "Gás para Todos". No ano de 2020, a campanha Ação Contra o Corona arrecadou quase 2,7 mil toneladas de alimentos para pessoas em insegurança alimentar.

Somente no Natal sem Fome de 2022, a Ação arrecadou 1.850 toneladas de alimentos, que foram distribuídas para 180 mil famílias em todo o Brasil durante o mês de dezembro, garantindo um Natal com saúde, dignidade e 9 milhões de pratos de comida na mesa.

O Rio de Janeiro recebeu o maior número de doações: 32 mil cestas. O estado fluminense em 2022 era o retrato da fome no Brasil, com 15% da população sem ter o que comer, a mesma porcentagem do país. Atualmente, cerca de 15% dos brasileiros estão famintos, ou seja, 33 milhões de pessoas.

Não foram poucas ou pequenas as diversas ações emergenciais de lá para cá. Desde 2021, com o lançamento da campanha Emergências, a Ação da Cidadania passou a oferecer donativos para vítimas de enchentes, catástrofes e desastres naturais. A entidade apoiou famílias que ficaram desabrigadas ou desalojadas devido às chuvas que castigaram algumas partes do país. Toneladas e toneladas de alimentos arrecadados na campanha foram entregues em cidades de São Paulo, Rio de Janeiro, Espírito Santo, Minas Gerais, Santa Catarina, Paraná e Sergipe.

Uma das campanhas emergenciais mais marcantes de 2023 foi em socorro dos indígenas yanomami. A língua yanomami registra duas palavras distintas para a fome. "Naiki" é a fome de carne ou de peixe. "Ohi" pode ser fome de fruta, mas também a fome generalizada. São palavras cada vez mais usadas pelos indígenas desde que começaram a manter contato com os chamados homens brancos 80 anos atrás.

Os yanomamis são um dos maiores povos indígenas relativamente isolados da América do Sul. Eles vivem nas florestas e montanhas do norte do Brasil e sul da Venezuela. Hoje, sua população total é de cerca de 38 mil pessoas. Com mais de 9,6 milhões de hectares, o território yanomami no Brasil é o dobro do tamanho da Suíça. Na Venezuela, os yanomami vivem em uma reserva de 8,2 milhões de hectares.

Gás para Todos: mais de 450 mil botijões distribuídos desde a pandemia.
FOTO: JAI RIBEIRO

Juntas, essas regiões formam o maior território indígena coberto por floresta de todo o mundo.

Os dados do MapBiomas, rede de pesquisadores que estudam o uso da terra, mostram que a área ocupada pelo garimpo em unidades de conservação até 2010 estava abaixo de 20 mil hectares. Já em 2021, os números chegaram a quase 60 mil hectares.

Na campanha eleitoral de 2018, o candidato Jair Bolsonaro prometeu expandir a mineração na Amazônia, que considerava ser "muita terra para pouco índio". Eleito presidente, cumpriu sua promessa. A política indígena do governo de Jair Bolsonaro (PL) entre 2019 e 2022 impactou diretamente aqueles que a vivenciaram. Em janeiro de 2023, o país e o mundo despertaram para a crise humanitária que o povo yanomami tem sofrido, principalmente por conta do descaso do governo. Mais de 22 pedidos de ajuda enviados pela Hutukara Associação Yanomami ao governo Bolsonaro foram ignorados.

A negligência com os povos indígenas vinha sendo relatada desde o início da pandemia em 2020. A Corte Interamericana de Direitos Humanos exigiu medidas emergenciais em defesa dos povos yanomami, ye'kwana e munduruku. Em julho de 2021, o então presidente Bolsonaro respondeu dizendo que o pedido não procedia porque não havia emergência alguma.

O Território Indígena Yanomami, demarcado há mais de 30 anos, é violado todos os dias pelo garimpo ilegal, de acordo com relatório produzido por associações indígenas. Assim como os yanomami, os munduruku, no Alto Tapajós, vivem em estado de alerta também por causa do garimpo. Os indígenas vêm lutando para proteger seu povo e seu território, mas sem a ajuda dos órgãos competentes se torna ainda mais difícil resistir.

O garimpo ilegal é uma atividade que tem causado graves impactos na vida dos povos indígenas. A destruição ambiental, a contaminação por mercúrio, a disseminação de doenças e a violência são apenas algumas das consequências nefastas dessa prática.

Os povos yanomami, munduruku e kayapó sofrem diretamente com a exposição ao mercúrio por meio da alimentação baseada no consumo de peixes contaminados. Essa contaminação afeta gerações, comprometendo a saúde e a fertilidade das mulheres gestantes e deixando sequelas em

A área ocupada pelo garimpo em unidades de conservação em 2021 chegou a quase 60 mil hectares

Famílias cadastradas aguardam o seu nome para receber as doações.
FOTO: BRUNO KELLY

bebês. O garimpo ilegal também é responsável pela disseminação de doenças como a malária, que afeta não só os indígenas, mas também as pessoas que vivem nos municípios em que as terras indígenas estão localizadas.

Os rios são assoreados, os peixes morrem e a fauna é afetada pelo barulho constante gerado pelo maquinário. A subsistência dos povos indígenas, que dependem da floresta e dos recursos naturais para sobreviver, fica comprometida.

A situação indígena se tornou calamitosa com o desmonte da estrutura de atendimento à saúde. Os povos indígenas são vistos como um obstáculo para as atividades de mineração e agronegócio. Estima-se que mais de 20 mil garimpeiros estão nas terras yanomamis. O Ministério da Saúde registrou a ocorrência de 42 mortes de indígenas na terra yanomami nos dois primeiros meses de 2023. As principais causas dos óbitos foram desnutrição grave, diarreia e pneumonia, doenças associadas à fome. Segundo levantamento do Ministério do Meio Ambiente, após três meses de trabalho da força tarefa criada para apoiar os indígenas, foram destruídos 327 acampamentos de garimpeiros, 18 aviões, dois helicópteros, centenas de motores e dezenas de balsas, barcos e tratores. Também foram apreendidas 36 toneladas de cassiterita, 26 mil litros de combustível, além de equipamentos usados por criminosos.

A dificuldade de acesso ao território yanomami, feito por via aérea em 98% dos casos, é limitado a pequenas aeronaves e helicópteros, restringindo as ações emergenciais. Nos primeiros meses de 2023, foram distribuídas mais de 5,5 mil cestas

As cestas foram adaptadas para as necessidades e hábitos nutricionais dos indígenas.
FOTOS: BRUNO KELLY

APONTE O CELULAR E VEJA O VÍDEO EM:
https://bit.ly/3Kqhene

de alimentos em caráter emergencial. Só a Ação da Cidadania doou 30 toneladas de alimentos ao povo yanomami. As 1.500 cestas básicas foram distribuídas pela Força Aérea Brasileira (FAB). A entidade adaptou suas cestas básicas para o perfil alimentar regional. Com o auxílio de nutricionistas foram elencados alimentos com base em valores nutricionais próximos às necessidades e hábitos alimentares dos indígenas. Cada cesta continha cinco quilos de arroz, dez latas de sardinha, farinha de milho, farinha d'água, leite integral em pó e sal.

A estimativa mensal de entrega é de 12,6 mil cestas com uma cobertura estimada de 282 comunidades priorizadas por estarem em situação de insegurança alimentar. Nesses locais, vivem cerca de 21 mil pessoas. "Sabemos que a entrega de cestas básicas não é uma solução definitiva para os problemas

> **"NOSSAS PRIORIDADES AGORA SÃO O FORTALECIMENTO DOS POVOS ORIGINÁRIOS E O RETORNO DOS YANOMAMI AOS SEUS TERRITÓRIOS, APÓS ANOS DE GARIMPO ILEGAL E DESCASO DAS AUTORIDADES."**
>
> _Kiko Afonso

FOTO: BRENO LIMA

enfrentados pelos yanomami, mas é uma medida importante e emergencial para garantir a sobrevivência desse povo, enquanto se buscam soluções mais estruturais e sustentáveis para as suas necessidades", disse o gerente de Redes e Emergências da Ação da Cidadania, Carlos Antônio "Canta" da Silva, que visitou os postos de assistência aos indígenas em Boa Vista, Roraima.

Além dos alimentos, a Ação da Cidadania entregou mil kits de ferramentas para plantio e reflorestamento, panelas e utensílios, mil kits de higiene e limpeza, fraldas geriátricas e infantis, roupas de cama, redes e sandálias. "Podemos dizer que é a segunda fase da campanha, quando as doações começam a cair e deixamos de ver grandes mobilizações. Nossas prioridades agora são o fortalecimento dos povos originários e o retorno dos yanomami aos seus territórios, após anos de garimpo ilegal e descaso das autoridades. Vamos colaborar para que as terras e moradias sejam recuperadas e que o solo volte a ser fonte de alimentos de quem vive nessas comunidades", afirmou Kiko Afonso, diretor-executivo da Ação da Cidadania.

A Ação da Cidadania tem um comitê que atua em Boa Vista há 20 anos que se prepara, agora, para levantar necessidades e soluções de longo prazo, com a criação de banco de alimentos, apoio a cozinhas comunitárias e ao atendimento de saúde contínuos. Passada a emergência, a Ação volta-se para mudanças estruturais que assegurem a sobrevivência dos indígenas.

Para ajudar os yanomami, o gerente de Redes e Emergências da Ação da Cidadania, Carlos Antônio "Canta" da Silva, passou semanas na capital de

Roraima. "Você chega aos lugares e não imagina que esteja no século 21. Parece que viajou no tempo e desembarcou em pleno século 19."

A contenção e repressão ao garimpo já melhorou a situação dos yanomami, relatou Canta. "Pelo menos na questão de alimentação. Levamos os alimentos que eles consomem. São cestas específicas adequadas para o consumo indígena."

Além dos indígenas, a crise alimentar em Roraima se agrava com a situação de refugiados, em especial venezuelanos em fuga de um país estruturalmente empobrecido e devastado. "O auxílio aos refugiados é lento. A entrada no país demora, não há políticas públicas de apoio a eles. Quando chegam a Boa Vista, estão passando fome. Precisam trabalhar. Aceitam qualquer subemprego que paga 30 reais por dia para o venezuelano trabalhar. Porque é irregular, está ali, vai aceitar qualquer coisa", narrou.

A absorção de imigrantes causa mal-estar em parcelas de brasileiros desempregados. Estes acabam vendo no garimpo uma promessa de enriquecimento. "O garimpo é cultural em Roraima. O avô do cara trabalhava no garimpo. O pai dele trabalhava no garimpo. Toda família tem alguém que trabalha no garimpo. O monumento

FOTO: OLIVIA GODOY

FOTO: ACERVO AÇÃO DA CIDADANIA

A esperança chega de todas as formas a todos os recantos do país.
FOTO: SARA GEHREN

garimpeiro está no meio da cidade", disse Canta.

Para parcelas significativas da população, o garimpo parece mais solução do que problema. "Tem sempre aquele senhorzinho que vai garimpar porque está sem emprego. Já garimpava quando era criança. Ele nega que jogue mercúrio no rio. Mercúrio é caro. O garimpeiro pobre usa num pote para reaproveitá-lo." No caso da extração nos rios da Amazônia, o ouro está disperso em forma de partículas. O mercúrio metálico, nesse caso, é usado para uni-las, formando uma liga, permitindo sua separação de outros componentes.

Esse senhor que vira garimpeiro por falta de emprego, em geral, deixa a família desassistida na área urbana. "A gente atende porque a mulher e os filhos estão passando fome", explicou Canta. Ele narrou a conversa que manteve com um jovem que trabalhava no garimpo. Dizia que conseguia ganhar lá cinco vezes mais do que em um emprego regular em Boa Vista. "O garimpo é uma cidade. Eu não tinha ideia do tamanho da coisa. É uma cidade, eles têm tudo lá. Uma Coca-Cola custa um grama de ouro. Corte de cabelo, dois gramas de ouro. Tudo é fixado em grama de ouro!"

TECENDO REDES

09

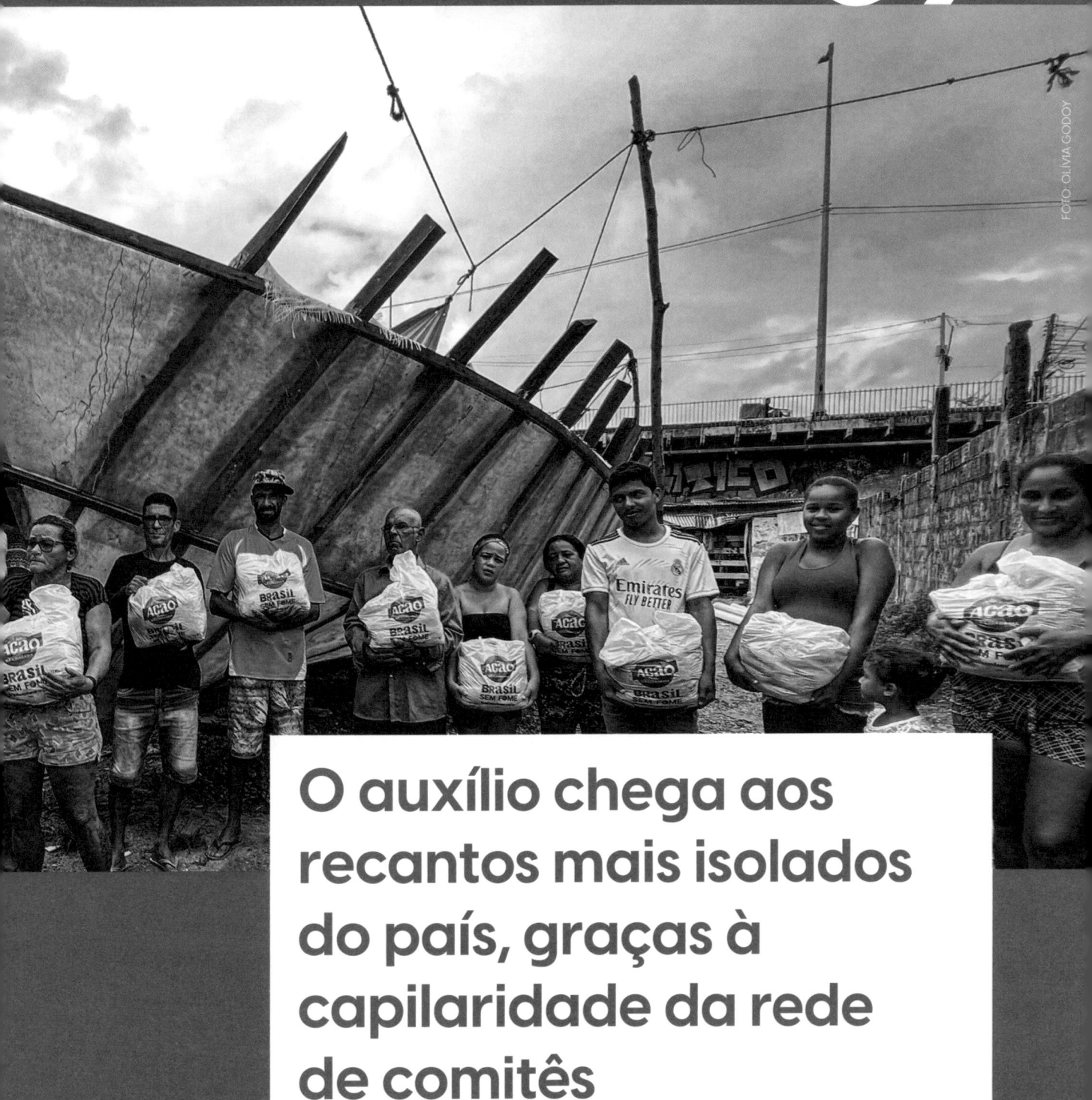

O auxílio chega aos recantos mais isolados do país, graças à capilaridade da rede de comitês

Ação da Cidadania foi constituída com base em uma ideia inovadora: pessoas, comitês e instituições que atuam por meio de redes. O que isso significa? Articulações, conhecimento e informações são compartilhados para promover alterações sociais pontuais e estruturais. Os comitês da Ação da Cidadania formam uma rede de pessoas e organizações que atuam voluntariamente em todo o Brasil, com o objetivo de combater a fome e promover a cidadania, por meio de atuações diretas nos territórios ou da luta por políticas públicas.

São mais de 500 comitês próprios da Ação que, somados a entidades e grupos parceiros, formam uma rede de cerca de 5.000 pontos de atuação. São integrados por voluntários e voluntárias que se mobilizam para arrecadar alimentos, roupas e outros itens para distribuir às pessoas em situação de vulnerabilidade. Os comitês também realizam atividades culturais, educacionais e esportivas, visando promover a cidadania e a inclusão social.

Em 2023, a Ação iniciou a realização de um amplo estudo sobre a forma de atuação e os integrantes desses comitês. O primeiro grupo analisado foi o de comitês do estado do Rio de Janeiro, origem da Ação. Os resultados já permitem traçar um quadro essencial para entender o perfil do movimento.

O estado do Rio tem 310 comitês da Ação em 17 municípios: 36,5% atuam na cidade do Rio de Janeiro, 16,1% em Nova Iguaçu, 9,4% em Duque de Caxias, 7,1% em Belford Roxo, 6,5% em Queimados; 5,8% em São Gonçalo; 5,2% em São João do Meriti.

Desses comitês, 28% são vinculados a organizações não-governamentais, 14,9% a centros comunitários, 11,6% a igrejas; 5,1% a creches; 4,7% a grupos culturais, entre outros.

O perfil sociocultural dos coordenadores dos comitês mostra que 76,9% são liderados por mulheres e 23,1% por homens. Entre os líderes, 56,3% são afrodescendentes. Destes, 56,5% se declaram evangélicos e 22% católicos. Dos coordenadores, 29,4% têm o ensino médio completo e 16,3% o ensino superior incompleto.

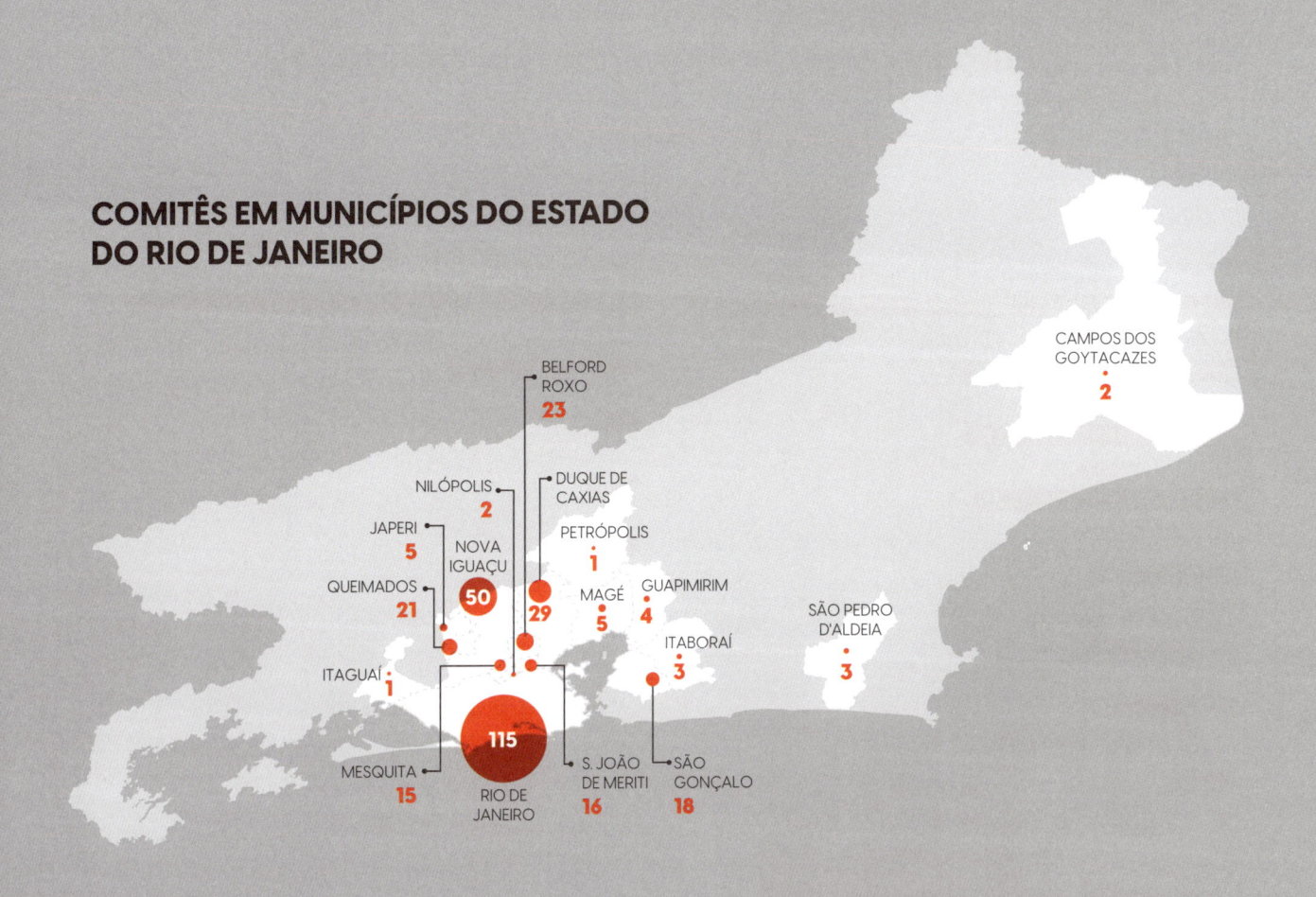

COMITÊS EM MUNICÍPIOS DO ESTADO DO RIO DE JANEIRO

- BELFORD ROXO: 23
- NILÓPOLIS: 2
- JAPERI: 5
- QUEIMADOS: 21
- NOVA IGUAÇU: 50
- DUQUE DE CAXIAS: 29
- PETRÓPOLIS: 1
- MAGÉ: 5
- GUAPIMIRIM: 4
- ITABORAÍ: 3
- ITAGUAÍ: 1
- MESQUITA: 15
- RIO DE JANEIRO: 115
- S. JOÃO DE MERITI: 16
- SÃO GONÇALO: 18
- SÃO PEDRO D'ALDEIA: 3
- CAMPOS DOS GOYTACAZES: 2

TIPOS DE COMITÊS NO ESTADO DO RIO DE JANEIRO

ONG	80
CENTRO COMUNITÁRIO	43
OUTROS	38
IGREJA	36
ASSOCIAÇÃO DE MORADORES	15
CRECHE	14
GRUPO CULTURAL	13
PESSOA FÍSICA	10
CENTRO RELIGIOSO DE MATRIZ AFRICANA	10
GRUPO DE AMIGOS	9
CASA DE RECUPERAÇÃO	7
OCUPAÇÃO	3
ESCOLA/COLÉGIO	2
ASSOCIAÇÃO ESPORTIVA	2
CONSELHO	1
CENTRO DE FORMAÇÃO PARA O TRABALHO	1

PERFIL SOCIOCULTURAL DOS COORDENADORES DE COMITÊS (RJ)

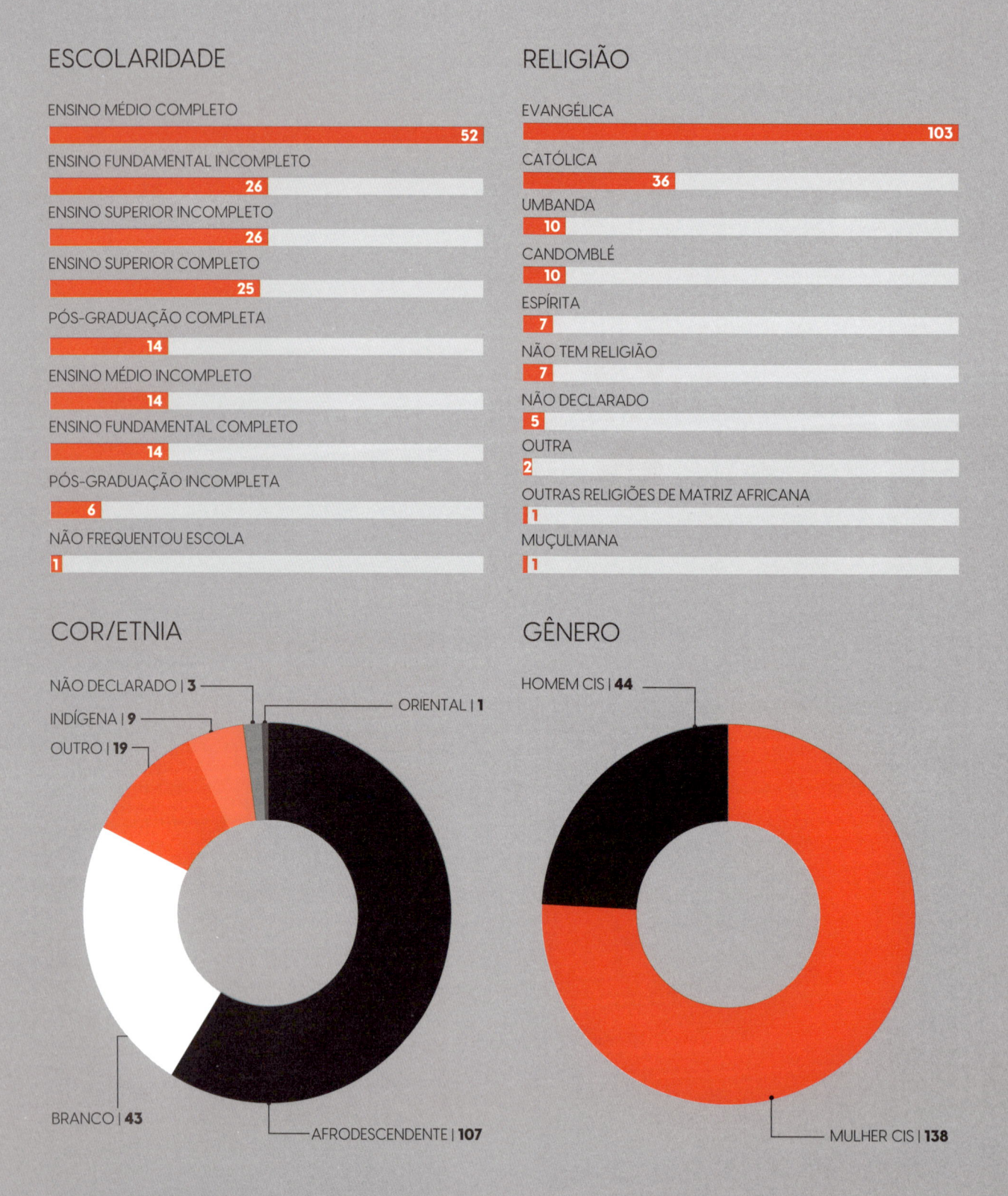

ESCOLARIDADE

- ENSINO MÉDIO COMPLETO — 52
- ENSINO FUNDAMENTAL INCOMPLETO — 26
- ENSINO SUPERIOR INCOMPLETO — 26
- ENSINO SUPERIOR COMPLETO — 25
- PÓS-GRADUAÇÃO COMPLETA — 14
- ENSINO MÉDIO INCOMPLETO — 14
- ENSINO FUNDAMENTAL COMPLETO — 14
- PÓS-GRADUAÇÃO INCOMPLETA — 6
- NÃO FREQUENTOU ESCOLA — 1

RELIGIÃO

- EVANGÉLICA — 103
- CATÓLICA — 36
- UMBANDA — 10
- CANDOMBLÉ — 10
- ESPÍRITA — 7
- NÃO TEM RELIGIÃO — 7
- NÃO DECLARADO — 5
- OUTRA — 2
- OUTRAS RELIGIÕES DE MATRIZ AFRICANA — 1
- MUÇULMANA — 1

COR/ETNIA

- NÃO DECLARADO | 3
- INDÍGENA | 9
- OUTRO | 19
- ORIENTAL | 1
- BRANCO | 43
- AFRODESCENDENTE | 107

GÊNERO

- HOMEM CIS | 44
- MULHER CIS | 138

84

A liderança típica dos comitês da Ação é formada por mulheres negras evangélicas que concluíram o ensino médio e estão na casa dos 50 anos de idade

Assim a liderança típica dos comitês da Ação é formada por mulheres negras evangélicas que concluíram o ensino médio e estão na casa dos 50 anos de idade. Este é o perfil exato de Maria Celeste, coordenadora do comitê Anchieta. Localizado na divisa entre as zonas norte e oeste do Rio, o bairro de Anchieta é basicamente comercial e abriga quase 60 mil pessoas. É uma região pobre, com grande parte da população vivendo em moradias inadequadas em diversos morros da região. Das 158 regiões do Rio monitoradas pelo Índice de Desenvolvimento Social da prefeitura, Anchieta está no terço mais pobre. A vida ali se desenvolve nos arredores da praça Granito, a maior do subúrbio carioca, e da linha de trem que cruza a região.

Celeste está há mais de dez anos atuando no comitê da Ação da Cidadania. "Aqui as pessoas tiram do pouco que têm para ajudar os outros", conta ela, cuja família foi uma das primeiras moradoras de Anchieta. Ela reclama que o comércio da região ajuda pouco no trabalho de assistência social. Celeste e os outros voluntários recorrem ao Ceasa, centro de distribuição de alimentos perto da avenida Brasil, para obter doação de legumes e frutas que seriam descartadas. Com o pouco que conseguem, eles produzem e distribuem alimentação para crianças e famílias vulneráveis. "Juntos, somos mais fortes", resume ela. A burocracia e o custo de manutenção da personalidade jurídica do comitê é uma das maiores preocupações de Celeste. Sem o CNPJ, o cadastro das pessoas jurídicas, muitas doações e recursos não podem chegar à comunidade. O custo deste cadastro é proibitivo para uma associação pequena como a que dirige. "Estamos vendo se conseguimos esse apoio", planeja, esperançosa.

Celeste sente falta dos encontros de leitura dos quais participou nos primeiros anos de sua participação na Ação da Cidadania. "Aquilo era uma maravilha. As crianças ouviam, desenhavam, se encantavam. Estamos trabalhando para trazer isso de volta."

Por todo o país a Ação tem múltiplos comitês e lideranças, com desafios gigantescos em razão do tamanho territorial brasileiro. No Pará, por exemplo, a representação da Ação teve como meta ampliar sua presença para além da região metropolitana de Belém para chegar a 50 municípios de todas as regiões estado, que possui um território de 1,25 mil quilômetros quadrados, do tamanho de um país como Angola. Meio milhão de pessoas foram diretamente beneficiadas por atividades da Ação da Cidadania, presentes nas principais cidades paraenses como Marabá, Santarém, Altamira, Parauapebas, Bragança, Cametá, Castanhal, Jacareacanga (no extremo oeste do Pará), cidades da Ilha do Marajó, Tucuruí (onde está instalada uma das maiores hidrelétricas do mundo e a segunda 100% brasileira), assim como as pequenas cidades como Terra Alta, com cerca de 12 mil habitantes.

Em 2022, só para as vítimas das enchentes em Marabá, o comitê da Ação enviou 35 toneladas de alimentos para 2.500 famílias que ficaram desabrigadas. Em Cametá, 10 toneladas de alimentos foram enviadas para atender cerca de 300 famílias vítimas do desastre ambiental causado pelas chuvas. A campanha do vale-gás, parceria da Ação da Cidadania com a Petrobras, permitiu no Pará a doação de vale-gás para 6.580 famílias em 30 municípios do Estado, beneficiando 32.900 pessoas por dez meses.

Formado em filosofia, José Oeiras, coordenador da Ação no Pará, está na entidade desde a sua fundação, tendo participado do primeiro encontro nacional realizado em 1994. Militante de movimentos sociais, abraçou a Ação a partir do movimento que pedia ética na política, liderado por Betinho. "Aqui no Pará a questão da fome está intimamente ligada, por exemplo, à questão ambiental. Minha origem de militância está na área de recursos hídricos, na discussão da gestão da água. Nosso propósito é enfrentar a questão emergencial sem deixar de enfrentar a questão maior de quem vive na Amazônia, que é a preservação ambiental", disse Oeiras.

Essa preocupação de combater a fome por seus efeitos transversais nos mais diversos problemas nacionais é uma realidade para os vários coordenadores regionais da Ação. Shirley Bruzaca, coordenadora da Ação no Maranhão, conta que uma das imagens mais impactantes que viu foi a triste transformação de fogões em inusitados móveis de decoração.

"Chegávamos a comunidades do interior em que as pessoas tinham abandonado o uso do fogão porque não tinham dinheiro para comprar gás. Então o fogão, sem uso, virava armário, depósito, objeto de decoração", relatou Shirley. "Teve gente que decidiu vender o fogão para comprar mantimento pronto. Pobre prefere

No comitê Maranhão, voluntários exibem alimentos frescos, fundamentais para uma nutrição saudável.
FOTO: ACERVO AÇÃO DA CIDADANIA

> **"CHEGÁVAMOS A COMUNIDADES DO INTERIOR EM QUE AS PESSOAS TINHAM ABANDONADO O USO DO FOGÃO PORQUE NÃO TINHAM DINHEIRO PARA COMPRAR GÁS. ENTÃO O FOGÃO, SEM USO, VIRAVA ARMÁRIO, DEPÓSITO, OBJETO DE DECORAÇÃO."**

_Shirley Bruzaca, coordenadora da Ação no Maranhão

vender tudo o que tem em casa antes de perder a dignidade. Entramos em casas de várias famílias que mantinham o fogão, mas ficava claro que não estava sendo usado. Uma dessas famílias guardava roupas no fogão, como se fosse armário."

A Ação da Cidadania do Maranhão se tornou logo um ponto de distribuição de vale-gás, graças ao acordo com a Petrobras. Atingiu 8.937 famílias, de 28 municípios maranhenses, assegurando gás para que pudessem cozinhar alimentos, muitos doados. Shirley Bruzaca, aos 45 anos, acabou de concluir o curso de direito. Está há 12 anos na Ação. Pretende concluir seu mandato e abrir uma nova frente de trabalho. "Sempre fui apaixonada por direito criminal. Quero trabalhar nisso agora. Mas o fato é que podemos até sair da Ação da Cidadania, mas ela não sai de dentro da gente."

Melissa Bargmann, coordenadora da Ação no Rio Grande do Sul, é um exemplo de liderança em que o espírito de solidariedade nasceu a partir do exemplo direto da família. Sua mãe, Iara, foi uma das fundadoras do comitê no Sul e trouxe para ela o exemplo de Betinho. "Minha mãe mobilizava a família toda para ajudar nas campanhas. Repetia que Betinho sempre acreditou nas pessoas. Achava que, com a organização da sociedade, mesmo que de modo simples, era possível mudar a realidade do país. Pensava que as organizações só valiam a pena se fosse para melhorar a vida das pessoas, principalmente aquelas mais vulneráveis. Em tempos tão difíceis, nada mais atual que isto", relembra ela.

Os trabalhos da Ação da Cidadania no Rio Grande do Sul foram fundamentais para a adoção de políticas públicas, abraçadas por instituições estaduais, voltadas para a questão da segurança alimentar. Entre 2019 e 2022, quando o governo federal liquidava o Conselho Nacional, o Conselho Estadual gaúcho continuou a pleno vapor, graças aos próprios vínculos comunitários. "Em nível nacional, foi um retrocesso imenso para a segurança alimentar. Uma luta diária destruída numa canetada. No estado, o conselho continuou funcionando, fazendo com que a sociedade civil pudesse ajudar os vulneráveis num momento de crise aguda", disse Melissa.

Na pandemia do coronavírus, também no Sul muitas famílias recebiam doações de cestas, mas não tinham como cozinhar por falta de gás. Em Porto Alegre, surgiram os projetos de cozinha solidária e horta comunitária, em que grupos se reuniam para cozinhar e distribuir refeições prontas. "Tínhamos muitos parceiros doadores da agricultura familiar aqui no Sul. Era gente que produzia, vendia e doava para quem precisava. Com a crise, eles deixaram de ser doadores para se alistarem entre aqueles que precisavam de doação. Foi devastador", lembra Melissa.

Lidar e articular com as lideranças regionais é a essência do trabalho do gerente de Redes e Emergências da Ação da Cidadania, Carlos Antônio "Canta" da Silva. Quando jovem, ele tinha decidido estudar economia, mas largou o curso pela metade. Formou-se bacharel em relações internacionais, depois graduou-se em história. Fez especialização em desenvolvimento local com perspectiva de gênero e pós-graduação em gestão pública.

Além de coordenador da rede nacional de comitês da Ação, Canta lidera a rede nacional de emergências. Com esse papel, atuou de forma decisiva tanto na emergência yanomami quanto nas enchentes do litoral norte de São Paulo e nos deslizamentos provocados pela chuva em Petrópolis.

Começou a atuar no terceiro setor como voluntário em 1992, na ECO 92. Em 1998, dedicou-se a programa de microcrédito nas comunidades do Rio de Janeiro. Trabalhou com Kiko Afonso, diretor-executivo da Ação, na Rede de Informações para o Terceiro Setor (Rits). Chegou à Ação da Cidadania primeiro como voluntário, para ajudar no Natal Sem Fome. Em 2019, assumiu a coordenação nacional da rede da Ação da Cidadania, responsável pela ligação com os diversos comitês estaduais.

A rede de comitês começou a ser criada em 1993. "Betinho dizia: você quer ser um comitê? Então, seja um. Podia haver comitê de uma pessoa." A Ação tem núcleos estaduais em toda a federação. Os comitês regionais passam de 70, e os comitês locais superam os 3.000. "O comitê local, basicamente, são associações de moradores, pessoas que atuam mais na ponta e que distribuem cestas

Assis dedicou sua vida à Ação da Cidadania. Agora a filha Lívia segue seus passos à frente do comitê Paraíba.
FOTO: ACERVO AÇÃO DA CIDADANIA

A Ação tem núcleos estaduais em toda a federação. Os comitês regionais passam de 70, e os comitês locais superam os 3.000

básicas para a população em geral. É muita gente envolvida mesmo."

A estrutura é ampla. O comitê nacional se divide em comitês estaduais, que abraçam os comitês regionais, que englobam os comitês locais. "Em todos os estados temos alguém. E estamos chegando a quase todos os municípios."

Canta convive com líderes e voluntários de comitês. "Ninguém tem remuneração. Às vezes tem uma ajuda de custo. Para alguma coisa ou outra quando a gente consegue. Mas normalmente é só o trabalho voluntário mesmo. É muita dedicação. O amor à causa", resume. "É gente que decidiu dedicar a vida à nossa causa. E que mobiliza também a família. Em João Pessoa, o comitê era tocado pelo Assis, que morreu na pandemia. Agora o comitê é tocado pela Lívia, que é a filha dele. A Lívia e seu grupo arrecadaram 200 toneladas de alimentos sozinhos."

Hoje, cada comitê, ao ser criado, adere a um termo de compromisso de parceria e se compromete a seguir o padrão ético e os valores da Ação da Cidadania. Por exemplo, trabalhar em conjunto e, claro, jamais vender ou fazer uso político-eleitoral da distribuição de cestas de alimentação. Canta

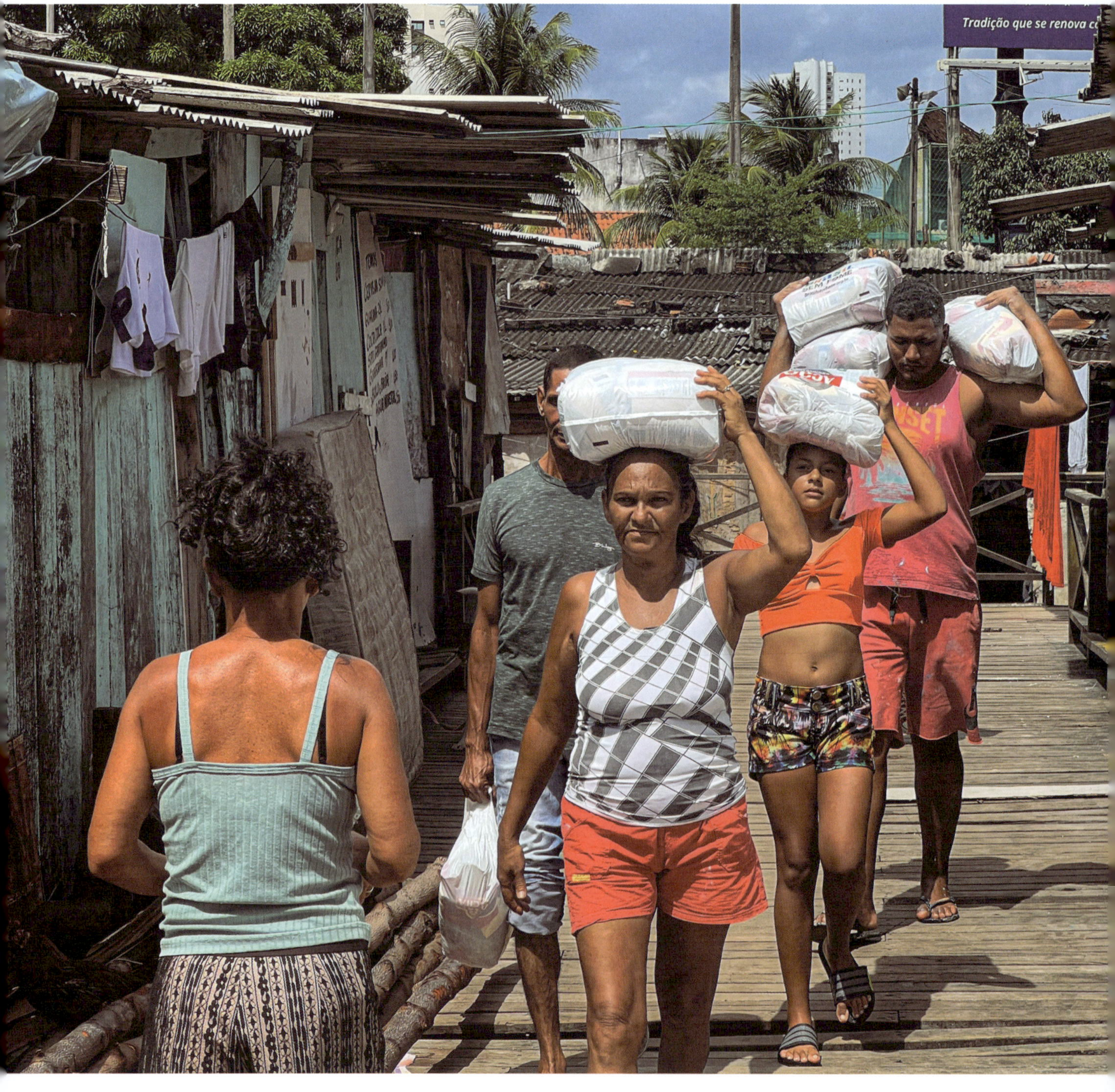
Tradição que se renova c

reconhece o valor da atuação político-partidária de líderes e voluntários, mas diz que quem pretende disputar voto tem de deixar suas funções para evitar que uma coisa interfira na outra. "Dizer vota em mim que te dou cesta básica é expressamente proibido."

O trabalho voluntário tem especificidades. No passado, os grupos varavam a madrugada para pegar doações diversas de produtos alimentícios e ensacar para a distribuição das cestas básicas. "Hoje em dia a cesta chega montada para eles. Mas tem um pessoal saudosista. Que quer passar a noite montando a cesta. Mas a maioria das vezes você está em emergência. Quem tem fome tem pressa. Você tem que chegar com a coisa pronta. Não pode perder tempo montando cesta."

A galera mais jovem já vem com outra cabeça mesmo e tem focado em uma rede de alimentação solidária, composta por bancos de alimentos, cozinhas solidárias e despensas. "As cozinhas são fortes, e a gente tem espalhado isso pelo Brasil. Aqui é preciso troca de informação rápida. Um está com excesso de feijão, leva para o outro. Quebrou um fogão, leva para o outro. Isso é muito legal."

Canta brinca que seu serviço predileto é carregar cesta. "Gosto de chegar lá na ponta e entregar. Mas o que faço na realidade é uma facilitação, uma moderação da rede. Para a gente trabalhar juntos numa linha só. Eles querem fazer uma captação local, eu auxilio. E a gente troca notícias, informes dentro da rede."

Em Pernambuco, as doações do Brasil sem Fome chegam em boa hora.
FOTO: OLÍVIA GODOY

POR UMA ALIMENTAÇÃO SAUDÁVEL

10

Mais do que matar a fome das pessoas, é preciso garantir alimentos de qualidade a baixo custo

FOTO: BRENO LIMA

A atendente do telefone destinado a emergências da Polícia Militar de Minas Gerais foi surpreendida por uma ligação às 20h27 do dia 2 de agosto de 2022. Nunca havia sido acionada por uma queixa como esta:

— 190, qual sua emergência?

— Ô seu policial, é por causa de que aqui em casa não tem nada pra gente comer. Minha mãe só tem farinha e fubá pra gente comer.

— Você tem quantos anos?

— Tenho 11.

— Você mora com quem?

— Moro com minha mãe só.

— Você, sua mãe. Tem mais irmãos?

— Tem. Cinco.

— Hum, entendi. Sua mãe não trabalha, não?

— Não.

— Nada pra você comer desde cedo?

— Não tem nada pra comer desde cedo.

— Vou passar a informação aqui para a viatura para verificar o que pode fazer. Tá bom? Tchau!

— Tá bom.

A cidade de Santa Luiza, na região metropolitana de Belo Horizonte (MG), tem 220 mil habitantes. Nas tabelas oficiais, não é um lugar ruim para viver. Está no terço superior do ranking de municípios com melhores Índices de desenvolvimento humano. A taxa de mortalidade infantil é 18 vezes menor do que a média brasileira. Tem muitos problemas, claro. Mais de 1,2 mil famílias estão cadastradas em programas de distribuição de cestas básicas para vulneráveis. Santa Luzia registra, em média, 40 crimes violentos por mês. São casos de homicídio, roubo, sequestro, extorsão e estupro. É uma região que tem problemas das cidades grandes como tráfico e violência armada, mas ainda possui áreas rurais com plantio de café e criação de gado, nas quais há queixas frequentes de roubo de animais para abate clandestino. Por vezes, o urbano e o rural, cada um com seus problemas, estão separados por apenas uma rua.

O telefonema inusual de uma criança no meio da noite obrigou a uma ação formal da PM mineira. Alguns minutos depois da ligação para o 190, o sargento Viana, que dirigia carro do 35º Batalhão da PM, chegou à casa do menino que reclamava que não tinha nada para comer.

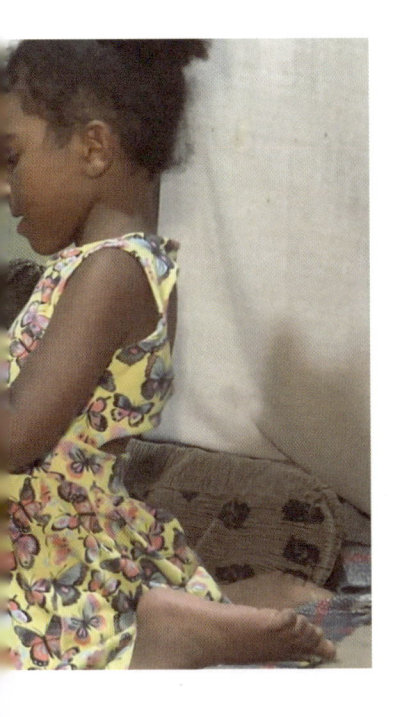

A casa de três cômodos, com parede de reboco e telha de amianto, fica ancorada em uma ladeira suave, em São Cosme, bairro periférico da periférica Santa Luzia, que se expandiu no entorno da capital mineira. O sargento Viana foi recebido às 20h41 por três crianças e a mãe. A câmera acoplada ao uniforme de Viana registrou a pergunta que fez a ela:

— Vocês estão sem ter o que comer em casa?

— Estava chorando no sofá, desesperada porque não encontrava ajuda, não encontrava saída. Cheguei ao limite de mãe, de buscar e achar uma saída. Chorava por desespero. Ele me viu assim e pegou o celular para ligar para a polícia, explicou a mãe.

Célia Arquimino Barros, 46 anos, confirmou a penúria que o filho Miguel tinha informado no telefonema de emergência. Era mãe de oito filhos; os dois já casados, de 29 e 25 anos, moravam longe. Ela dividia o teto com outros seis filhos, sendo cinco menores de idade: Cauã, 17; Samuel, 15; Miguel, 11; Sara, 3; e Gael, de dez meses. Com curso de formação em serviços de segurança e bombeiro, estava desempregada fazia mais de um ano, desde o início da pandemia do coronavírus em março de 2020.

Naqueles dias, o cardápio da família se baseava apenas em fubá e farinha. Na hora do café da manhã, costumava colocar açúcar na mistura. Na hora do jantar, substituía o açúcar pelo sal. E era isso.

Célia estava sem comprar nenhum tipo de alimento havia três semanas,

Célia Barros e a alegria de poder voltar a alimentar os filhos. A ajuda da Polícia Militar virou notícia e mudou a sorte de sua família.
FOTO À ESQUERDA: ANDRÉ CARLAYALE / TV GLOBO
FOTO ACIMA: JAIR AMARAL / ESTADO DE MINAS

conforme relatou ao jornal "Estado de Minas". "Primeiro começamos comendo só macarrão. Aí acabou e ficou o fubá. Não tinha opção, não podia deixar com fome. Então, eu fazia o mingau doce de manhã e à noite um angu de fubá, porque não tinha mais nada", contou. A situação começou a piorar em janeiro de 2021, quando ela teve o Bolsa Família bloqueado. "O bebê era o que mais me dava trabalho, porque ele chorava muito. Ele não entende. Chorava o tempo todo", disse.

Mesmo quando recebia o auxílio do governo, ela dizia que o dinheiro já não era suficiente para sustentar a família. "Recebia R$535. Com o preço das coisas, já não comprava nada, não dava para ficar muito tempo em casa. Você faz uma compra que não dá para 15 dias. Ainda mais com um bebê em casa", afirmou.

Divorciada do pai das crianças, ela viu minguar a possibilidade de fazer bicos para ajudar na renda. "O pai manda só R$ 250. Ele também está desempregado, o que ele arruma é o que ele manda. Mas ele dá isso só de mês em mês. É só aquilo e acabou", contou. A fome é descrita pela pequena Sara, de 3, filha de Célia, como uma dor no estômago como se fosse um soco. "Ela ficava com dor na barriga de fome. O Miguel fez 11 anos e olha como ele é miudinho. Ele já é um pouco anêmico, por causa da deficiência na alimentação", afirmou.

"Eu estava desesperada, não estava aguentando mais ver aquela situação e nem pedir na rua, porque as pessoas acham que você está com preguiça, que você não quer trabalhar, e eles não entendem a situação", resumiu. "Tenho medo da fome. É muito triste não ter nada para comer nos armários. Já teve dias em que dei água com açúcar para meu bebê para ver se ele parava de chorar. Tentava fazer ele dormir para esquecer a fome."

Naquela noite de agosto de 2021, o sargento Viana chegou à casa de Célia para averiguar se havia maus-tratos

O projeto Cozinha Solidária acontece em diversos municípios espalhados pelo país.
FOTO: ACERVO AÇÃO DA CIDADANIA

APONTE O CELULAR E VEJA O VÍDEO EM:
https://bit.ly/47onN3E

> **É MUITO TRISTE NÃO TER NADA PARA COMER NOS ARMÁRIOS. JÁ TEVE DIAS EM QUE DEI ÁGUA COM AÇÚCAR PARA MEU BEBÊ PARA VER SE ELE PARAVA DE CHORAR. TENTAVA FAZER ELE DORMIR PARA ESQUECER A FOME."

_Célia Barros

contra as crianças. Encontrou uma casa simples, com fogão, geladeira e máquina de lavar, bem-organizada e limpa. Ele foi então até o supermercado próximo. Conversou com o gerente, que doou uma cesta básica para a família de Célia, entregue menos de uma hora depois do telefonema emergencial.

Nos primeiros dias, depois da divulgação maciça do caso na imprensa brasileira, muitas doações chegaram para a família, permitindo dias mais suaves.

Um ano depois, no entanto, pouco coisa havia mudado na vida da família Barros. Miguel cursava a sexta série do ensino médio. Continuava magro e franzino, resultado da alimentação deficiente de toda a vida. Célia teve o cadastro regularizado no Bolsa Família, recebendo R$736 todo mês. Pouca coisa mudou à sua volta.

A emblemática situação da família mineira simbolizou que ruíra a rede de assistência social que tinha colocado o Brasil como referência internacional no combate à fome. Entre 2004 e 2013, políticas públicas de erradicação da pobreza e da miséria reduziram a fome entre os brasileiros para menos da metade do índice inicial: de 9,5% para 4,2% dos lares brasileiros. Hoje, infelizmente, o país é outro. Os números de 2022 mostraram que em 15,5% dos domicílios havia moradores passando fome. São 33,1 milhões de brasileiros. A fome voltou com uma violência ainda maior do que no passado.

Esses dados só se tornaram públicos graças à Rede Brasileira de Pesquisa em Soberania e Segurança Alimentar e Nutricional, a Rede PenSSAN, entidade independente de pesquisa apoiada pela Ação da Cidadania.

Entre outros desmontes, o governo federal limitou recursos públicos para as pesquisas realizadas pelo IBGE (Instituto Brasileiro de Geografia e Estatística). Assim, os últimos dados oficiais relativos à expansão da fome no Brasil foram coletados em 2017 e 2018, na pesquisa de orçamentos familiares.

A Cozinha Solidária da Ação da Cidadania faz parte de uma rede de alimentação saudável que não para de crescer.
FOTO: ACERVO AÇÃO DA CIDADANIA

FOTO: BRENO LIMA

Os resultados só foram divulgados em 2020, com considerável atraso e após pressão de diversas entidades de pesquisa. Esses números refletem o Brasil de cinco anos atrás: 85 milhões de pessoas com algum grau de insegurança alimentar, sendo que 10 milhões de pessoas estavam em situação de fome grave. Os números anunciados em 2022 pela Rede PenSSAN permitiram avaliar a ampliação da gravidade da crise alimentar entre os brasileiros.

Projetos emergenciais em resposta à ampliação da fome começaram então a se fazer cada vez mais necessários. Em setembro de 2021, a Ação da Cidadania criou a própria cozinha comunitária, em sua sede na Gamboa, região central do Rio de Janeiro. A cozinha foi criada para o preparo e entrega de refeições prontas para consumo a populações vulneráveis. A Cozinha Solidária distribui 1.000 refeições prontas diariamente, sendo 500 delas destinadas semanalmente para creches e espaços de acolhimento em comunidades. Planeja dobrar a produção de refeições prontas em 2023.

A coordenadora do projeto, Jeniffer Barboza, afirmou que a cozinha é direcionada para produzir alimentos para a população em situação de rua e para as pessoas que têm moradia, mas não têm condições de preparo, como aquelas que têm dificuldade para comprar gás de cozinha, por exemplo. Foi a primeira iniciativa da Ação da Cidadania na frente de produção de alimentos, na entrega de refeições prontas para consumo.

"Montamos uma cozinha profissional, altamente equipada. Buscou pessoas que eram referências em gastronomia para permitir a qualificação da equipe", disse Jeniffer.

É uma cozinha setorizada. Uma equipe cuida de verduras, legumes e frutas. Outra se dedica ao açougue, e uma terceira equipe trata do armazenamento e acondicionamento, por exemplo.

"Essa cozinha é pensada no modelo 360. Não é só fazer com que um alimento chegue ao território e que a fome seja sanada, mas é pensar também que essa refeição seja balanceada, nutritiva e gostosa. Além de alimentar o corpo físico dessa pessoa, a gente quer que ela seja também um abraço, também seja uma maneira de acolher aquela pessoa, frente a todos os desafios que possa estar lidando naquele momento", definiu Jeniffer.

A cozinha trabalha com programas voltados para a redução da produção de lixo e de resíduos. Busca, em suas compras, valorizar a economia local, pensando na geração de emprego

> **NÃO É SÓ FAZER COM QUE UM ALIMENTO CHEGUE AO TERRITÓRIO E QUE A FOME SEJA SANADA, MAS É PENSAR TAMBÉM QUE ESSA REFEIÇÃO SEJA BALANCEADA, NUTRITIVA E GOSTOSA."

_Jeniffer Barboza, gerente de projetos

e renda para a própria população que vive em torno da sua estrutura. "Priorizamos a compra de todas as frutas, legumes e verduras da agricultura familiar, valorizando o trabalho dos pequenos produtores."

Na visão da Ação da Cidadania, a Cozinha Solidária é um investimento alto, mas que compensa, não só pelo objetivo imediato de alimentar as pessoas, mas também pelo impacto social da capacitação profissional dos contratados para atuar na cozinha, como também contribui para espalhar a cultura da alimentação saudável.

A segunda Cozinha Solidária da Ação da Cidadania está em processo de instalação no Maranhão. Ao todo, outras oito

Vasti, a primeira à direita, com os jovens que se dedicam a produzir alimentos saudáveis.
FOTO: ZÔ GUIMARÃES

Cozinhas Solidárias deverão ser instaladas em diversas cidades, replicando o modelo de sucesso do Rio de Janeiro.

"Nosso plano é desenvolver dez *hubs* de segurança alimentar e nutricional no Brasil. Cada *hub* deste é composto por quatro equipamentos de promoção de segurança alimentar e nutricional: uma cozinha solidária, uma escola de gastronomia, um banco de alimentos e uma horta", detalha Jeniffer Barboza.

O projeto piloto do Rio de Janeiro tem a cozinha em funcionamento e a escola de gastronomia em construção adiantada. Em 2023, foram inauguradas duas hortas na sede da Gamboa da Ação, com seus nomes em homenagens a duas experimentadas lideranças da entidade. A horta mandala Terezinha Mendes fica no centro do pavilhão da Gamboa. Já a horta Vasti de Macedo ocupa a área lateral. "São duas lideranças com mais de 90 anos, e que ainda estão atuantes. Elas têm um histórico de vida que se confunde com a Ação da Cidadania. Estiveram aqui na inauguração das hortas, plantaram as primeiras mudas."

A solução para a miséria e para fome exige ações de longo prazo. Mas as pessoas têm de se alimentar todo dia. Enquanto a solução não chega, essas cozinhas aliviam quem não tem nada para comer.

Passado e presente: Terezinha Mendes e Vasti de Macedo inspiram a nova equipe de Agroecologia.
FOTOS: ZÔ GUIMARÃES

"Trabalhar na cozinha solidária tem dois lados: um de felicidade, porque às vezes você está alimentando uma família inteira que estava na rua; outro lado de tristeza, imaginando aqueles dias e noites em que eles não tiveram nada para comer", resumiu Lidiane Mendes, auxiliar de cozinha, que trabalha na estrutura da Ação da Cidadania, na Gamboa, centro do Rio de Janeiro.

A iniciativa também busca combater a desnutrição infantil em comunidades e ocupações, oferecendo almoço e jantar a pessoas em situação de insegurança alimentar. Nos pontos de distribuição das refeições prontas para consumo, as crianças sempre chegam antes para receber a comida e dividir a refeição com a família. É uma forma de contribuir para o desenvolvimento da primeira infância, já que uma alimentação balanceada nessa faixa etária é crucial para o desenvolvimento físico, cognitivo e emocional.

Um exemplo de entidade beneficiária é a Escola de Agroecologia, que cuida de 60 crianças por semana no Complexo da Penha, na zona norte do Rio de Janeiro. As refeições são a garantia de que as crianças vão comer legumes, proteínas e grãos, às vezes diferentes, como grão-de-bico ou ervilha. Para os pais, é um alívio, pois é um complemento que nem sempre podem oferecer.

O Cozinha Solidária também abriga o projeto Rodada de Chefs que, a cada bimestre, recebe chefs de cozinha renomados para a criação de cardápios semelhantes aos oferecidos em seus restaurantes, como forma de levar experiências gastronômicas para quem não tem o que comer. Claude Troisgros, Rodrigo Mocotó e Carmen Virgínia são exemplos de profissionais que já participaram da experiência.

Outro projeto em andamento prevê que a Ação da Cidadania ajude a estruturação de cozinhas solidárias já existentes e que foram criadas por entidades parceiras. "Estamos selecionando cozinhas que vão receber recursos para se estruturar ou fazer obras, para comprar equipamento, além de consultoria sobre nutrição e sustentabilidade. Está muito no DNA da Ação apoiar e estimular ações comunitárias como essas cozinhas. A Ação se torna uma grande mediadora e potencializadora de fazeres territoriais. Descentralizar os recursos, descentralizar as ações, estabelecer uma grande rede de atuação potente", contou Jeniffer.

Pedagoga e gerente de projetos da Ação da Cidadania, Jeniffer Barboza trabalha há 12 anos em organizações do terceiro setor, em projetos de segurança alimentar e nutricional e gastronomia social. É mestranda em engenharia de produção pela Universidade Federal do Rio de Janeiro, pesquisando gestão e inovação. "Acredito no potencial transformador das tecnologias sociais, ambientais e empresariais de escala para redução de desigualdades sociais e promoção da regeneração do planeta".

Jeniffer afirmou que a Ação da Cidadania tem uma coerência interna e externa em seus propósitos. "Cheguei aqui muito nova, como auxiliar administrativa, no começo da graduação. Ao longo dos anos, com minha entrega e com o esforço da entidade também, posso hoje atuar de maneira mais decisiva e influente. Isso é importante para uma mulher preta, que vem da periferia e que já precisou em algum momento da vida de uma cesta básica", relembrou.

Nascida na Baixada Fluminense em 1991, Jeniffer é filha de cozinheiro com uma pedagoga. "Meus pais sempre trabalharam. Foram guerreiros como boa parte das pessoas pobres são. Em determinados momentos, no entanto, precisaram de auxílio." Ela guarda na memória o sentimento que experimentava quando via um carro parar em rua próxima da casa dela, distribuindo cestas básicas para quem tinha urgência de socorro alimentar.

"Isso me toca num lugar muito diferente, me mobiliza. Poder proporcionar experiências como essa, poder ajudar em um nível mais estruturante, isso tudo me toca profundamente. É uma relação de afeto, pertencimento e de entrega. Acho muito massa", declarou. "Ser uma mulher preta, que ocupa posição de gerência e liderança, me fortalece. Imprime muito do comprometimento da Ação não só com a causa da fome, como as causas sociais mais amplas que de certa maneira atravessam a questão da fome. A Ação é cidadania. É a casa de todos", concluiu com um sorriso largo.

Se a fome é a faceta mais dolorosa e visível dos problemas da segurança alimentar, o trabalho de Jeniffer Barboza é amplo, porque está voltado também para a segurança nutricional. Não basta comer; é preciso ter opções de alimentação saudável, o que também exige graus contínuos de formação e educação.

Estudos brasileiros já comprovaram que o aumento do consumo de alimentos ultraprocessados provocou aumento no número de mortes prematuras no Brasil. São produtos e formulações industriais feitas com ingredientes extraídos de alimentos ou feitos em laboratório, que têm gradualmente substituído os alimentos frescos e minimamente processados que são a base da dieta tradicional brasileira. Alimentos ultraprocessados são responsáveis por 57 mil mortes prematuras por ano no Brasil, de acordo com estudo do pesquisador brasileiro Eduardo Nilson, publicado no "American Journal of Preventive Medicine".

Se o consumo dos produtos ultraprocessados fossem reduzidos ao que a população consumia há uma década, 21% dessas mortes seriam evitadas. Os dados apontam a necessidade de políticas com múltiplos componentes que promovam escolhas alimentares saudáveis, reduzindo o consumo de alimentos ultraprocessados e aumentando o consumo de alimentos frescos e minimamente processados.

O diretor-executivo da Ação da Cidadania, Kiko Afonso, afirma que entidades que atuam na ponta de distribuição de alimentos a vulneráveis têm muito a contribuir com as pesquisas acadêmicas em andamento no Brasil. "Os agentes da ponta conseguem enxergar a realidade além do que a academia enxerga. O problema todo é que o ultraprocessado é barato. Basta que uma lei sobretaxe o ultraprocessado e que esse dinheiro seja usado no Fome Zero. Por que não se consome alimentação saudável? Porque é cara. Porque não tem apoio, subsídios. Vai demorar anos para que a gente tenha uma rede de microprodutores, para que seja estabelecida a logística de transporte dos produtos e para que haja cadeias produtivas que permitam baratear o alimento saudável. O grande agronegócio busca baratear seus custos com agrotóxicos, ampliando benefícios federais.

> **"NOSSA LUTA PARA QUE A SOCIEDADE TENHA UMA ALIMENTAÇÃO SAUDÁVEL TAMBÉM É UMA LUTA DE CIDADANIA."**
>
> _Kiko Afonso

Em contrapartida, a maioria dos pequenos produtores rurais está falida", afirmou.

"Se mal tenho dinheiro para comer, como posso pagar o alimento orgânico, se ele é muito mais caro? Nossa luta para que a sociedade tenha uma alimentação saudável também é uma luta de cidadania", disse ele.

Afonso lembra que a Ação da Cidadania recebeu R$ 5 milhões em doações da Coca-Cola. "Nenhum real foi usado para comprar ultraprocessados. A Coca-Cola está bem com isso. Nós usamos o recurso no que acreditamos. Alimentos naturais, frescos, preferencialmente vindos do pequeno produtor e da agricultura familiar. Não nos comprometemos com as empresas que nos apoiam. E elas sabem disso e acham muito bom até."

Não por acaso a campanha do Natal sem Fome é sempre lançada em torno do dia 16 de outubro, Dia Mundial da Alimentação.

COMUNICAÇÃO É LUTA

11

Inclusão e diversidade para impactar, com afeto, toda a sociedade

Antes mesmo de criar a Ação da Cidadania, Betinho já dizia: "A luta pela democracia é que desenvolve o mundo. E ela se constrói com e por meio da comunicação."

A publicitária Nádia Rebouças foi convidada por Betinho para implementar o processo de planejamento de comunicação capaz de engajar os brasileiros na campanha de combate à fome em 1993. "A grande virada do Betinho foi ele ter acreditado na comunicação. Ele teve a capacidade de perceber que só podia engajar a sociedade se investisse na comunicação. Então tomou a decisão de procurar os publicitários mais famosos do Brasil para que atuassem como voluntários."

Foram produzidos 36 comerciais de impacto para a televisão para apresentar a campanha de combate à fome e para mobilizar as pessoas, a maior campanha sobre o tema já realizada no país, com participações de nomes como Tom Jobim, Gilberto Gil, Caetano Veloso e Chico Buarque, além de técnicos em diversas áreas de produção. Todos sem receber dinheiro algum.

O comercial mais lembrado foi aquele em que o próprio Betinho aparece contando a fábula do beija-flor.

"Muito tempo atrás, uma floresta cheia de árvores, pássaros e flores começou a pegar fogo. Os animais corriam tratando de salvar a própria pele. Foi aí que um leão parou ao ver que um beija-flor pegava água de um rio, jogava no fogo e voltava para o rio de novo.

— Ah, beija-flor, você acha que sozinho vai apagar esse fogaréu todo?, disse o leão.

E o beija-flor respondeu:

— Sei que não posso apagar esse fogo sozinho, estou apenas fazendo a minha parte."

O comercial se encerrava com uma mensagem clara por escrito: "A realidade que vivemos depende de nossas ações. Nossas ações dependem da consciência de cada um. A Ação da Cidadania já está fazendo a sua parte."

O impacto do comercial se estende no tempo. Até hoje os voluntários que atuam na Ação da Cidadania são chamados de beija-flores. Outro

Lideranças de comitês ocupam a orla de Copacabana com carrinhos de supermercado vazios em protesto contra fome.
FOTO: THAIS ALVARENGA

exemplo do impacto da campanha contra a fome no cotidiano brasileiro foi a popularização da doação de alimentos não-perecíveis como ingresso de shows e eventos. Hoje essa é uma ação trivial, mas há 30 anos foi uma maneira inovadora de engajar a sociedade.

"O que vai mudar o país é a consciência do problema. Não a doação, que é pontual. Por isso nossa comunicação precisa cutucar a consciência. Precisa de alguma maneira mudar o viés inconsciente de aceitar a fome como coisa que está aí. Foi nisso que nos empenhamos desde o início", disse Nádia.

Na história da campanha contra a fome, a publicitária se assustou quando Betinho anunciou o nome completo do programa: Ação da Cidadania contra a fome, a Miséria e pela Vida. "Isso parece nome de tese de doutorado", resumiu ela. A solução para criar a marca Ação da Cidadania veio com o logo: o prato em alumínio vazio com a palavra AÇÃO sobre ele. "A síntese do prato consolidou a marca", conta Nádia.

A Campanha do Natal sem Fome, desenvolvida há 30 anos, tornou-se sucesso exemplar de comunicação. Mobiliza a sociedade e já conseguiu ajudar mais de 23 milhões de vulneráveis. Só em 2022 a doação recolhida levou dignidade para mais de 180 mil lares em todo o Brasil. A campanha entregou quase 2 mil toneladas de alimentos. Para marcar o início da campanha de 2022, a artista plástica Rosa Magalhães criou uma árvore de Natal decorada com restos de alimentos. Uma obra de impacto que mobilizou as pessoas em torno do tema.

No último trimestre do ano, será lançada a campanha do Natal sem Fome 2023. Não menos impactante. Aguarde.

Outra campanha lançada em 2023 foi a do Brasil sem Fome, voltada principalmente para as crianças. O mote, pelo terceiro ano da campanha, é de que uma criança com fome não consegue estudar e crescer: "Vivemos um momento de renascimento e essa é a hora de acabar de vez com a insegurança alimentar na infância. Doe e ajude a realizar esse sonho. No futuro a fome será passado", diz o texto da campanha.

Quando se trata de crianças e adolescentes, a pesquisa Múltiplas Dimensões da Pobreza na Infância e na Adolescência no Brasil, do Unicef, aponta que mais de 60% da população de até 17 anos vive na pobreza. Além disso, todos os dias, em média, 11 crianças menores de 5 anos são internadas por desnutrição no Brasil, segundo a Sociedade Brasileira de Pediatria. Nesses núcleos familiares, a fome avança no dobro da velocidade que cresce no país inteiro.

A comunicação, emergencial ou de consolidação da marca, é essencial para entidades humanitárias. A publicitária carioca Luciana Alves está há três anos na Ação da Cidadania. Lidera a equipe de comunicação. Já tinha sido voluntária no Natal Sem Fome antes de se integrar à equipe da ONG. Luciana defende que a comunicação da Ação seja em 360 graus, em todas as frentes.

"As diversas formas de comunicação precisam estar muito bem alinhadas, comunicando a mesma coisa, com muita transparência, para ter o objetivo alcançado. Às vezes, o objetivo é dar visibilidade para um tema, às vezes é uma

APONTE O CELULAR E VEJA O VÍDEO EM:
https://bit.ly/3KwGN6f

APONTE O CELULAR E VEJA O VÍDEO EM:
https://bit.ly/3DNwYNw

Equipe de Comunicação reunida com Kiko e Daniel no lançamento da campanha do Natal sem Fome 2022.
FOTO: BRENO LIMA

conversão para uma doação. Existem várias estratégias para alcançar nossos objetivos. Não adianta a Ação trabalhar bem se não comunica isso bem."

A equipe de comunicação tem sete integrantes e busca crescer mais. "Temos uma equipe preta, diversa. Isso ajuda muito na cultura e na diversidade de olhar para tudo que a gente precisa desenvolver." Uma prioridade foi ampliar a presença da entidade nas redes sociais. "A robustez do trabalho, com postagens todos os dias, dá ritmo, continuidade e presença nas redes. Os algoritmos das redes passam a trabalhar a nosso favor. A reação das pessoas às campanhas, o grau de engajamento, são essenciais como termômetro para saber se estamos comunicando bem o que queremos."

Um dos seus desafios agora é ampliar o acesso às redes da Ação para usuários além do Rio de Janeiro e São Paulo, onde a presença da entidade já é muito forte. "O público doador padrão se concentra nessas regiões. Mas, quando lançamos uma campanha, tentamos fazer experimentos para atingir outras localidades. Para entender como vai ser o engajamento, se vai ter doação, se não vai", explicou Luciana.

O doador está disposto a colaborar com instituições que conhece, que acompanha o trabalho e acredita que a ação seja efetiva. Nas campanhas emergenciais, principalmente aquelas depois da pandemia, a Ação foi beneficiada porque tinha uma marca forte, com um trabalho reconhecido publicamente.

Na campanha para os 30 anos da Ação, Luciana defendeu o foco no impacto que a insegurança alimentar tem no futuro dos jovens e do país. "Vamos trabalhar esses dados, porque uma criança com fome não consegue estudar, mal consegue brincar. Pensar no futuro é cuidar da infância."

ESTAMOS TAMBÉM NO
@acaodacidadania

SOS YANOMAMI

SUA AJUDA PODE SALVAR MUITOS INDÍGENAS.

DOE PELO PIX: **sos@acaodacidadania.org.br**

A Ação da Cidadania combate a fome há quase 30 anos no Brasil. Desde quando soubemos da crise humanitária dos Yanomami, já enviamos mais de **17 toneladas de alimentos** para a maior reserva indígena de Roraima. Com o seu apoio, podemos fazer mais e levar socorro para outros povos indígenas que também sofrem com o garimpo ilegal.

Para saber outras formas de apoiar, acesse:
acaodacidadania.org.br/**sos-yanomami**

AÇÃO DA CIDADANIA

APONTE O CELULAR
E VEJA O VÍDEO EM:
https://bit.ly/3s3IJNg

APONTE O CELULAR
E VEJA O VÍDEO EM:
https://bit.ly/454rnOE

Acima, ação beneficente realizada em parceria com a Mastercard para arrecadação de donativos durante a pandemia da Covid-19.

Na página ao lado, anúncio publicado pela Carta Capital para a Campanha SOS Yanomami.

Outra prioridade são as ações de *advocacy*, defesa do ideário da Ação da Cidadania junto aos poderes Legislativo e Executivo. "A gente quer liderar a narrativa dos temas que impactam a nossa pauta." Em geral, diz Luciana, a estratégia é municiar a imprensa com dados, fatos e personagens que reforçam o trabalho e os pontos de vista defendidos pela Ação.

Quando entrou para a equipe, ela buscou redirecionar como a Ação da Cidadania se apresenta para o público. "Antes, por exemplo, as campanhas focavam muito nessa questão da escassez, da criança pobre, frágil, raquítica. Procuramos mudar essa percepção para um sentimento mais positivo. Levar esperança, falar um pouco mais de abundância e não só da pobreza, da escassez."

Ela lembra que imagens assustadoras de tragédias ou pessoas em vulnerabilidade podem motivar doações, mas beira a crueldade trabalhar dessa forma. Buscou então imprimir o que chama de "olhar humanizado" na estratégia de comunicação da Ação. "A campanha do beija-flor, do Natal Sem Fome foi linda. Ela começa com uma releitura, em desenho animado, contando a fábula do beija-flor que faz

APONTE O CELULAR
E VEJA O VÍDEO EM:
https://bit.ly/44U9Ys8

sua parte no combate ao incêndio, mesmo que essa seja uma pequena parte, para diminuir ou controlar o incêndio. É uma fábula tão linda e tão simples que foi facilmente reverberada."

Essa campanha é uma unanimidade na equipe de comunicação da Ação. É o exemplo do que a assessora de imprensa, Vanessa Andrade, chama de política para ganhar corações e mentes. "Sempre que falo com um jornalista, principalmente os mais jovens, pergunto: você sabe quem foi o Betinho? Por várias vezes, tenho de fazer o caminho de volta. Mostrar quem foi, como começou, como atuou. E isso é fundamental para ganhar corações e mentes, tendo como trunfo o legado da imagem e o trabalho sólido e reconhecido que o Betinho deixou."

Dentro da política de que a luta da democracia se desenvolve nos meios de comunicação, como ensinou Betinho, cabe a Vanessa Andrade a relação direta com os jornalistas. Mais do que buscar atendê-los como intermediação de contatos, Vanessa oferece dados organizados que facilitam a narração jornalística e, por consequência, o trabalho do repórter.

Vanessa trabalha como jornalista há 18 anos. Tem a facilidade de ter trabalhado nos dois lados do balcão. Como repórter, atuou na rádio CBN e nas emissoras de televisão Band e Rede TV. Como assessora de imprensa, enfrentou a nada fácil tarefa de ajudar na gestão de crise, imagem, reputação e relacionamento com a mídia nacional e internacional das Polícias Militar e Civil do Rio de Janeiro.

"É um trabalho para garantir credibilidade e confiança na relação com os jornalistas e as empresas de comunicação. Somos reconhecidos e procurados e buscamos relembrar e reafirmar para a sociedade o que é a Ação, o que já fez e o que ainda pretende fazer. Em alguns momentos, ajudamos o jornalista a, por exemplo, achar um personagem que se encaixa na reportagem que produz."

As novas mídias mudaram as relações não só dos usuários com os meios de comunicação, mas também com as empresas e instituições do terceiro setor. Um manancial de novas possibilidades de interação se apresenta e se renova numa velocidade estonteante.

O jornalista Diego Cotta é o coordenador de Comunicação da Ação. É doutor em Mídia pela UFF (Universidade Federal Fluminense) em tese que mostra as relações cruzadas entre racismo e lgbtifobia na mídia. Cotta busca aplicar seu olhar diverso numa sociedade marcada pela tecnologização e midiatização. "Temos de ter uma forma própria de comunicar nesse ambiente. Não é apenas captar doações para que a ONG tenha sustentabilidade, mas também atravessar corações e mentes das pessoas com nossas pautas." As redes sociais da Ação da Cidadania apresentam conteúdo, reforçando a marca da instituição e provocando engajamento das pessoas.

Diego coordena uma equipe com duas jornalistas, um publicitário, dois designers e uma assistente de comunicação. Afirma que seu principal desafio é renunciar ao marketing da tragédia para abraçar o marketing da esperança. "O choque move e desencadeia doações. No entanto, paradoxalmente, também pode nos deixar na inércia, pois gera efeito paralisador. Defendo que temos o dever de preservar a dignidade das pessoas que buscamos representar. Fico incomodado com o uso de imagens de crianças famélicas africanas nas campanhas que vemos por aí. Isso para mim é pavoroso! Usar criança famélica negra para captar doação, ainda que sob a narrativa de que é para ajudá-las, não é algo que ajuda na mudança de imaginários."

Cotta propõe seguir o que chama de caminho da abundância. "O comum é contrapor abundância versus escassez. As nossas narrativas, acredito, precisam estar primadas pela abundância. Então é fazer uma comunicação que não seja por baixo, rasteira. Temos de ter cuidado com a questão da dignidade, a questão do reforço do estereótipo. É muito fácil botar uma criança preta com uma barriga de verminose e falar 'doe', é muito fácil."

Daí o papel essencial de uma equipe qualificada. "Quanto mais invisto em profissionais de alta

> **"ACREDITO NOS AFETOS, NA POLÍTICA DE AFETOS E AFETAÇÕES. PORQUE AFETO É POLÍTICA. A REALIDADE ESTÁ SENDO CONSTRUÍDA NA MÍDIA E TEMOS DE COLOCAR NOSSA NARRATIVA DO AFETO LÁ."**

_**Diego Cotta**, coordenador de Comunicação da Ação

capacidade, mais impacto eu gero e mais influência eu tenho, já disse nosso diretor-executivo."

Cotta se concentra em como comunicar na era da midiatização, da tecnologização e da juvenilização. "Não dá para ter preconceito geracional em relação ao TikTok, por exemplo. Achar que é 'só dancinha' só mostra o desconhecimento da ferramenta. Se você não está lá, perde o público novo que se comunica por lá, além de deixar escapar a chance de formar novos quadros de ativismo."

Ele defende que a criação e empoderamento da marca Ação da Cidadania passa por afeto. "Olhando a linha do tempo da instituição, estamos numa fase de reencantamento. O mundo passou por um desencantamento grande. Acredito nos afetos, na política de afetos e afetações. Porque afeto é política. A realidade está sendo construída na mídia e temos de colocar nossa narrativa do afeto lá."

CULTURA COMO EXISTÊNCIA E RESISTÊNCIA

12

A cultura corre nas veias da Ação da Cidadania desde o seu nascimento

Uma das muitas fomes que a Ação da Cidadania busca saciar é a fome de cultura. Desde sua fundação, a Ação acredita no poder da cultura para mudar a realidade, com força comparável ao de vetores tradicionais como a economia e a política.

O compromisso da Ação se fortalece quando o próprio presidente do Conselho da entidade é o responsável geral pela coordenação do setor. Daniel Souza é um homem voltado para a cultura. Primeiro por formação e dedicação profissional: dança, teatro, música, design, documentários são segmentos pelos quais transitou com talento. Depois por entendimento e compromisso com a lição de Betinho, que acreditava que mais do que lazer e diversão, a cultura é ferramenta de transformação, conhecimento e dignidade.

Daniel aposta que a Ação da Cidadania ampliará sua força e relevância cultural com projetos de impacto social nos próximos anos. "A partir do momento em que a cultura deixa de ser sabotada, bloqueada, destruída, como ocorreu nos anos mais recentes, muitos dos planos em gestação poderão ser finalmente concretizados", afirma.

"Não existe Ação da Cidadania sem a cultura", resume Tyta Almeida, que lidera os projetos da entidade para o setor. Ela abre o celular em busca de um aliado que lhe foi apresentado pela própria mãe, o dramaturgo francês Antonin Artaud (1896-1948). A mãe de Tyta achou em "O teatro e seu duplo" elementos que embasam o trabalho da filha. Artaud escreveu: "Constato que o mundo tem fome e que não se preocupa com a cultura; e que é de um modo artificial que se pretende dirigir para a cultura pensamentos voltados apenas para a fome. O mais urgente não me parece tanto defender uma cultura cuja existência nunca salvou qualquer ser humano de ter fome e da preocupação de viver melhor, mas extrair, daquilo que se chama cultura, ideias cuja a força viva é idêntica à da fome."

Tyta é uma aquisição recente da equipe profissionalizada da Ação da Cidadania. Terapeuta infantil por formação, se especializou na produção cultural, em especial, espetáculos musicais e audiovisuais. "Quem já conseguiu organizar a produção de uma novela com seis frentes de gravação simultâneas, é capaz de organizar qualquer coisa", diverte-se.

Estão sob sua coordenação oito projetos culturais da Ação da Cidadania em desenvolvimento. São ações ligadas ao teatro, à dança, à produção audiovisual, à literatura e à preservação da memória por meio de acervos digitais. No setor cultural, Tyta trabalha lado a lado com uma das figuras mais antigas e mais inspiradas da Ação da Cidadania. O pernambucano José Miguel da Trindade, 72 anos, é geólogo por formação. Conta que ler as camadas das pedras o ensinou a ler o mundo. A grande paixão de Zé Miguel, no entanto, é a cultura, em especial, o teatro.

Ele atribui à formação dos tempos de seminário seu interesse, conhecimento e paixão pela área de humanidades. Em um ambiente em que metade dos professores era de estrangeiros, Zé Miguel diz que um professor alemão o apresentou aos fundamentos do teatro, levando-o a buscar na biblioteca do seminário tudo o que havia sobre a arte cultural clássica.

Coordenador de projetos culturais da Ação da Cidadania há 20 anos, Zé Miguel demorou a trocar a geologia, à qual dedicou longos expedientes na Companhia Brasileira de Mineração, pelo teatro, paixão que guardou consigo desde a juventude. Pôde dar vazão a ela a partir de cursos e laboratórios com dois nomes essenciais para o teatro carioca, o ator Buza Ferraz e o dramaturgo Alcione Araújo.

Zé Miguel se aproximou da Ação da Cidadania, em 2000, durante a produção do álbum musical "Outros 500". Durante

Zé Miguel (segundo embaixo, à direita) no espetáculo Menino no Meio da Rua
FOTO: LÍVIO CAMPOS

sete anos, comandou o espaço cultural que a Ação manteve em Santa Teresa, laboratório de um dos maiores sucessos da ONG. Com mais de 40 atores em cena, o musical "Menino do Meio da Rua", com direção e texto de André Luiz Câmara, chamou a atenção em 2002 para a produção cultural vinculada à Ação. A reencenação dessa obra está prevista no calendário de comemoração dos 30 anos da entidade.

A força do trabalho cultural da Ação seria consolidada no espetáculo "André Rebouças, o engenheiro negro da liberdade", com pesquisa, dramaturgia e texto de Zé Miguel, em parceria com o diretor André Luiz Câmara. Primeiro engenheiro negro do Brasil, André Rebouças (1838-1898) foi um homem à frente de seu tempo. Usou tecnologias avançadas para a época na construção de ferrovias e em obras portuárias e solucionou o problema do abastecimento de água no Rio de Janeiro, então capital do Império. Líder abolicionista, defendeu a reforma agrária e a educação dos libertos. "Não basta abolir a escravidão. É preciso abolir a miséria", dizia ele.

A história dele foi usada como laboratório artístico e social pelo núcleo de cultura da Ação da Cidadania. Para elaborar o texto que resgata momentos importantes da vida do engenheiro, os autores se basearam nos diários que ele escreveu em Portugal, onde se exilou, após a Proclamação da República, até sua morte. Filho de um advogado e

André Rebouças, o engenheiro negro da liberdade.
FOTO: DOUGLAS OLIVEIRA

conselheiro do Império, André Rebouças era monarquista e amigo de Dom Pedro II, e deixou o país no mesmo navio em que a família real partiu para o exílio.

Zé Miguel define o personagem com exatidão: "Rebouças não era um guerreiro como Zumbi dos Palmares ou o marinheiro João Cândido. Era um intelectual, um mecenas, que vinha da elite, e defendeu ideias revolucionárias para a época, sobre o fim da escravidão. O espetáculo mostrava isso e a mágoa que ficou nele com o isolamento nos últimos anos de vida."

Apesar dos anos de obscurantismo cultural patrocinado pelo governo retrógrado de Jair Bolsonaro, a equipe cultural da Ação, sob a coordenação de Zé Miguel, não parou. Houve cursos de circo para a terceira idade, aula de pernas de pau para artistas de rua, oficinas e apresentações virtuais do conjunto Música Antiga da UFF, a Universidade Federal Fluminense.

O novo Teatro Ação da Cidadania foi palco de apresentações emocionantes. O espaço, com 416 lugares, foi inaugurado em junho de 2022, com apresentações das cantoras Teresa Cristina e Mart'nália, durante o Encontro Nacional contra a Fome.

No primeiro trimestre de 2023, também no Teatro da Ação, a equipe cultural apresentou o espetáculo de formação do núcleo de dança, em parceria com a Cia Aérea de Dança. O projeto teve início com a convocação de dançarinos de diversos estilos e linguagens, moradores das regiões da Gamboa, Santo Cristo e Saúde, bairros vizinhos à sede da Ação da Cidadania, para juntos trabalharem no desenvolvimento da linguagem do samba-dança, formando o coletivo "ação dança". A direção artística coube ao coreógrafo, bailarino, pesquisador e professor de dança João Carlos Ramos. O elenco era formado por bailarinos que tinham no samba um elemento fundamental na sua formação pessoal e profissional.

Outro espetáculo de dança de destaque foi o "Mistura e Manda", inspirado nas músicas do maestro Paulo Moura, outra vez com a Cia Aérea de Dança, que ocupou o Teatro Ação da Cidadania em fevereiro.

Apesar da resiliência dos ativistas da Ação, uma das questões essenciais para a continuidade de projetos culturais é a obtenção de financiamento das suas atividades. Até 2022, com um governo avesso às políticas de incentivo cultural e hostil à categoria

A Cia. Aérea de Dança deve liderar o núcleo de dança da Ação nos próximos anos. FOTO: DOUGLAS OLIVEIRA

artística, projetos do Brasil inteiro enfrentaram dificuldades de produção e manutenção.

Com a posse do novo governo, em janeiro de 2023, houve a retomada e normatização de leis que permitem que empresas e pessoas físicas repassem parte do que pagariam de Imposto de Renda à viabilização de projetos artísticos e culturais. Em abril, o Ministério da Cultura regulamentou o uso de incentivos fiscais da lei federal de cultura para a captação de recursos para fundos patrimoniais voltados especificamente para a produção do setor. Os fundos patrimoniais são formas de proporcionar sustentabilidade financeira a longo prazo para instituições públicas ou privadas sem fins lucrativos, e/ou para a execução de programas e projetos de interesse público. Desde a regulamentação em 2019, os fundos patrimoniais crescem de forma acelerada no Brasil, como modo complementar de financiamento de iniciativas importantes para a sociedade.

"Sempre acho que sustentabilidade para o longo prazo é prioridade. Tem que investir nisso. Caso contrário, vive de soluço, sem continuidade. Então é preciso descobrir formas de financiamento sustentável para a cultura", afirma Kiko Afonso.

O diretor-executivo da Ação lidera o desenvolvimento de um fundo patrimonial específico para financiar projetos culturais da Ação da Cidadania. Planeja arrecadar doações de cerca de R$ 20 milhões para garantir financiamento ininterrupto para a produção e criação de atividades culturais vinculadas à Ação da Cidadania. Consolidado esse fundo, a área cultural da Ação garantiria uma estrutura de pessoal profissional, empenhada na apresentação, organização e produção de projetos diversos.

A lista de projetos a longo prazo é ambiciosa. Uma exposição sob direção de Bia Lessa, um musical concebido por Duda Maia, uma intervenção artística da dupla de grafiteiros paulista Os Gêmeos, a criação de um café literário em dois vagões de trem expostos na sede da Gamboa são exemplos de ações em fase de planejamento e criação. Em 2025, quando Betinho completaria 90 anos, está sendo discutida a homenagem por meio do desfile de uma grande escola de samba.

No momento, a Ação estuda como arrecadar e investir recursos para a conclusão das obras do Teatro Ação da Cidadania, um espaço em funcionamento, mas que ainda necessita de aprimoramento e adequação artística. Para uso pleno de todas as suas potencialidades, o teatro precisa de investimento acústico, iluminação e vedação, construção de área cênica e acabamentos estruturais. Essas obras estão orçadas na casa de R$ 2 milhões, recursos a serem buscados com empresas parceiras.

De todos os projetos culturais em andamento em 2023, um dos que prometem mais impacto está previsto para o final do ano. Nas cestas distribuídas no Rio de Janeiro pela campanha do Natal sem Fome, um livro especialíssimo será distribuído como presente para os beneficiados. "Cultura não é sobrevivência. Cultura é a própria vida. Por isso, escolhemos doar um livro para 20 mil lares", afirma Tyta Almeida. "O objetivo dessa ação, pegando carona em uma das maiores campanhas sociais do Brasil, é oferecer alívio para

Emoção e alegria na gravação da série "Betinho, no fio da navalha": a mistura impossível de pessoas e personagens, passado e presente, realidade e ficção. FOTO: CÉSAR DIORGENES

a dor física com a esperança do livre pertencimento por meio da arte."

O livro escolhido para integrar a cesta do Natal Sem Fome é por si um presente especialíssimo: "Muito prazer, sou o Betinho — a vida do sociólogo Herbert de Souza" (Editora Moderna), do escritor José Roberto Torero. "Qual é o sentido da vida? Será que é uma brincadeira de pega-pega com a morte, até que ela finalmente nos alcança? Pode ser, mas pode não ser, porque a vida não é brincadeira. Se bem que também é". Assim Torero assume a voz de Betinho para contar a própria história.

O principal objetivo do livro de Torero é apresentar essa figura cívica essencial às novas gerações. Outra oportunidade para tal será uma nova série a ser exibida pela Globoplay, tendo como personagem principal o fundador da Ação da Cidadania.

— Você precisa filmar a história de um herói nacional. Quem é o grande herói brasileiro para você? — perguntou um produtor internacional de cinema para o ativista social José Junior.

— Betinho — respondeu ele, de imediato.

O diálogo do produtor de cinema com José Junior iniciou, em 2017, o projeto de transformar a vida de Betinho em série televisiva. Quase seis anos depois, "Betinho, no fio da navalha", está pronta para ser exibida na Globoplay. A trajetória de vida de Betinho é contada em oito capítulos, desde a perseguição e combate à ditadura militar, passando pela volta do exílio e pela militância em defesa dos hemofílicos e dos contaminados com o HIV (transmissor da Aids) e a criação da campanha contra a fome.

O roteiro, criado por uma equipe sob a liderança de Alex Medeiros, usa como base arquivos pessoais e profissionais do fundador da Ação da Cidadania para contar sua história. "No meu caso, comecei na política por causa do meu engajamento religioso e social (...). É muito fácil fazer análises e diagnósticos dos problemas do Brasil. Mas, quando chega a hora da ação, em geral o sujeito pega o boné e vai embora. O caminho é lutar no dia a dia de cada um", afirma numa das cenas Betinho, representado por Julio Andrade.

O ator emagreceu sete quilos para as filmagens, ocorridas entre dezembro de 2022 e abril de 2023, das quais foi também um dos diretores. Com maquiagem e caracterização brilhantes, a semelhança de Andrade no set com Betinho emocionou a família.

Os dramas pessoais e mesmo as dificuldades de relacionamento provocadas por grande parte da vida em clandestinidade ou no exílio são retratados de forma aguda. "Você é implacável em matéria de sobrevivência, principalmente a sua", ouve Betinho da primeira mulher, Irles de Carvalho, interpretada por Leandra Leal.

Para reconstituir as diversas passagens de época, a produção da série foi meticulosa. Por exemplo, a cena em que Betinho conta a Irles que partirá para o exílio sozinho foi gravada no Masp, o Museu de Arte de São Paulo, localizado na avenida Paulista. Em 1973, quando ocorreu o encontro na realidade, a estrutura do Masp era de concreto aparente. Em 1990, parte dessa estrutura foi pintada em vermelho, como previa o projeto original da arquiteta Lino Bo Bardi. Para a série, o Masp foi utilizado como cenário, mas a cor da estrutura foi alterada por meio de computador, assim como foram apagados prédios em volta que não existiam à época da narrativa.

Outro exemplo do esmero da produção da série é a forma impactante do uso da música. Ravel Andrade interpreta o violonista Francisco Mário, irmão de Betinho, e uma de suas músicas mais belas ("Vida Nova") aparece com destaque. A pungente interpretação de Elis Regina para "Sinal Fechado", de Paulinho da Viola, marca o primeiro

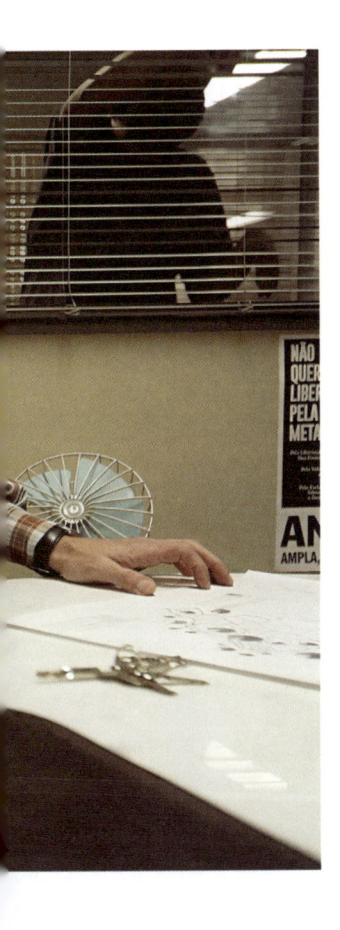

A incrível caracterização de Júlio Andrade como Betinho.
FOTO: CÉSAR DIORGENES

episódio. Este reconstitui com emoção o rompimento e depois a reaproximação do cartunista Henfil, interpretado por Humberto Carrão, com Elis, papel de Elá Marinho. Também estão no elenco da série nomes como Andréia Horta, Walderez de Barros, Michel Gomes e Mouhamed Harfouch, entre outros.

Reflexões reais de Betinho pontuam o roteiro. "Precisei fugir do meu próprio país, mas tive a sorte de não ser esquecido. Do ponto de vista do azar, foram 15 anos de clandestinidade, 8 anos e 4 meses de exílio. Do ponto de vista da sorte, foram 44 anos de vida", afirmou Betinho em 1979, quando se preparava para voltar ao Brasil, com a promulgação da Lei da Anistia, que concedeu perdão político a todos os crimes cometidos durante a ditadura militar, tanto por agentes do Estado quanto por opositores do regime.

Depois de mergulhar na intensidade dramática da série, quem se interessar em ver e ouvir as mensagens de Betinho pode também assistir ao documentário "Betinho, a esperança equilibrista", também disponível no Globoplay.

Betinho aparece ali de corpo inteiro, com sua inteligência afável e aguda, como quando rebate críticas daqueles que não compreenderam a força da cidadania por trás do movimento que originou a campanha contra a fome. "Todos os recortes ideológicos clássicos não cabem dentro do movimento. É isso que faz com que alguns analistas e críticos não entendam o movimento. Eles não perceberam o que aconteceu diante deles. Acham que é um movimento de caridade. Então confundem solidariedade com caridade; participação e doação com assistencialismo. Acham que o movimento não vai às causas estruturais. Enfim, fazem uma série de críticas sem perceber a profundidade que esse movimento atingiu a alma e a consciência de milhões e milhões de pessoas."

Por fim, como o próprio Betinho dizia: "O que somos é um presente que a vida nos dá. O que nós seremos é um presente que daremos à vida."

A herança da militância cívica de Betinho carrega consigo a força do passado, mas está vinculada a que futuro se deseja para o Brasil e para os brasileiros. Agir pela cidadania foi um chamado que Betinho fez ao país, entendido como obra de seus cidadãos e governantes, para construir um futuro com justiça e igualdade. Um chamado para que cada um faça sua parte.

A SEDE NOVA DA GAMBOA

13

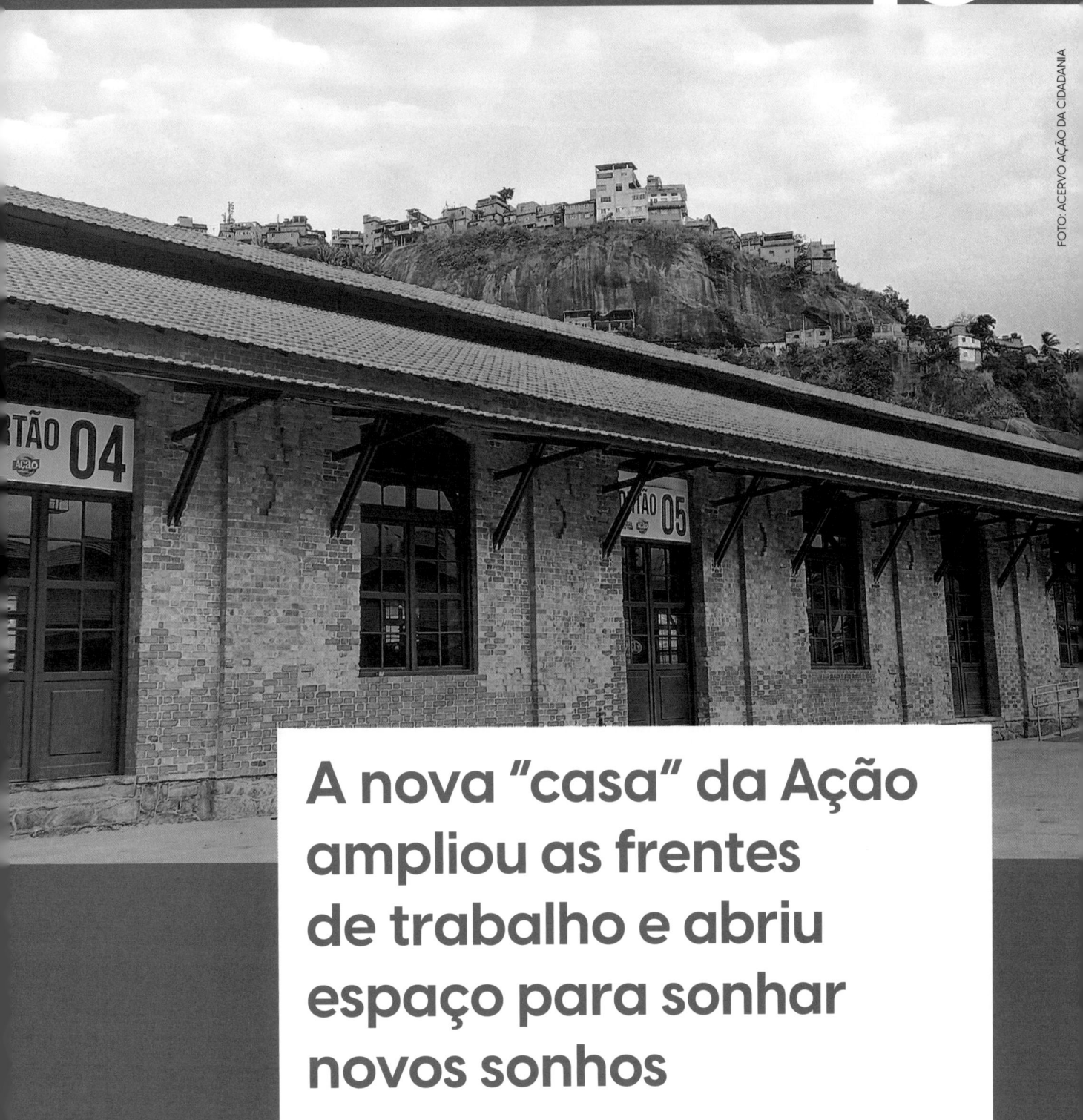

A nova "casa" da Ação ampliou as frentes de trabalho e abriu espaço para sonhar novos sonhos

A nova sede da Ação da Cidadania, em funcionamento desde 2021 na Gamboa, zona central do Rio de Janeiro, tornou-se um ponto agregador e potencializador de instituições parceiras. Lá a Ação divide espaço com instituições como o Ibase (Instituto Brasileiro de Análises Sociais e Econômicas), a Abia (Associação Brasileira Interdisciplinar de Aids), o IMF (Instituto Marielle Franco) e o WBO (Washington Brazil Office). São todas entidades da sociedade civil, voltadas para a defesa dos movimentos sociais, dos direitos humanos, da qualidade de vida, da equidade e da diversidade. São entidades históricas que coabitam um espaço, ampliando a possibilidade e a facilidade de trabalhos conjuntos e articulados.

A casa da Ação se fortalece quando se torna também a casa daqueles com quem se quer lutar junto. Casa é mais do que uma construção com paredes, janelas e portas. No sentido afetivo, é o lugar destinado à construção de relações, de vínculos, de manutenção de um reservatório de lembranças que, a qualquer momento, pode ser evocado. A Ação da Cidadania, em 30 anos de existência, passou por três casas. Cada uma delas, à sua maneira, deixou lastro de afeto e história.

A primeira estava localizada na rua Marechal Floriano, na área central do Rio de Janeiro. De lá, mudou-se para o galpão da rua Barão de Tefé, na área do Cais do Valongo, também na região central do Rio, onde permaneceu por 18 anos. Em setembro de 2021, a nova casa da Ação foi erguida na Gamboa, a 2 km da sede anterior.

Entre 1993 e 2003, a Ação da Cidadania ocupou um espaço acanhado dentro de um prédio pertencente ao Banco do Brasil na rua Marechal Floriano. Foi dali que partiu o movimento que logo cresceria tanto que teria de buscar uma sede mais ampla, com espaço para armazenar e ensacar toneladas de alimento.

Em 2003, a Ação da Cidadania mudou-se para o Armazém Docas D. Pedro II, na região portuária, que foi construído em 1871 pelo engenheiro afrodescendente André Rebouças. O galpão, com mais de 10 mil metros quadrados e que tem as

Um dos prédios é dedicado à estocagem de doações e arrumação de cestas.
FOTO: ACERVO AÇÃO DA CIDADANIA

laterais e a fachada tombadas, ganhou, com recursos de patrocínio, reforma feita pelo arquiteto Hélio Pelegrino, para abrigar o Centro Cultural Ação da Cidadania.

No multifuncional espaço interno com 168 metros de comprimento e 36 metros de largura, eram realizadas as plenárias com os comitês da Ação da Cidadania, palestras e encontros, além de atividades de inclusão social demandadas pelos comitês e suas lideranças, como oficinas e cursos de capacitação gratuitos, que acontecem através de projetos em parceria com diversas instituições.

O amplo espaço, como forma de gerar renda para sua própria manutenção e sobrevivência, chegou a ser alocado para a realização de eventos, tais como: festas, feiras, congressos, shows e apresentações culturais.

O Centro Cultural da Ação da Cidadania revigorou a área central da cidade em que estava localizado e foi incluído no circuito de visitação do Porto do Rio. Cumpriu sua missão de manter o trabalho social sempre vivo, em memória a seu fundador, que soube aflorar, de forma genuína, o conceito de cidadania para todos os brasileiros.

Depois de 18 anos, o Centro Cultural cumpriu seu ciclo como sede da Ação. Para a obtenção do título de Patrimônio da Humanidade para o Cais do Valongo, o governo brasileiro apresentou à Unesco um dossiê de candidatura onde assumiu, entre diversos compromissos, a instalação de um "memorial da cultura de matriz africana" no Armazém Docas Dom Pedro II.

A necessidade do espaço dedicado à exposição do acervo da história da escravidão encontrado nas escavações da região Portuária obrigou então a devolução do espaço do centro cultural para a União, que o repassou à Fundação Palmares.

O Cais do Valongo foi o principal ponto de desembarque de africanos escravizados do Brasil, tendo sido a porta de entrada de mais de 500 mil pessoas.

Erguidos em 1928, os galpões integravam o Ramal Marítima da Gamboa da Estrada de Ferro Central do Brasil.
FOTO: MARC FERREZ

Os prédios foram restaurados durante a revitalização da zona portuária do Rio de Janeiro.
FOTO: DENIS GAHYVA

Ele fica localizado em uma região conhecida como Pequena África, por reunir diversos patrimônios que registram a história da escravidão no Brasil. Cabe agora ao governo federal e à Fundação Palmares, instituição pública federal voltada para promoção e preservação dos valores negros na sociedade brasileira, a manutenção e implementação do que se tornará o Museu do Valongo.

Em 2021, a Ação da Cidadania mudou-se para a nova sede, uma área de 15 mil metros quadrados cedida por dez anos pela Prefeitura do Rio de Janeiro. Ocupou os galpões que armazenavam vagões de trens antigos ao lado da Vila Olímpica da Gamboa. Os galpões integravam o Ramal Marítima da Gamboa da Estrada de Ferro Central do Brasil e foram originalmente construídos em 1879. O prédio principal atual foi erguido em 1928.

A estação ferroviária da Gamboa por décadas foi caminho fundamental na entrada e saída de produtos para o porto do Rio de Janeiro. O ramal partia da estação central no Campo de Santana atravessando duas vezes o morro da Providência, em dois túneis. O primeiro, com 82 metros e o segundo, com 313 metros. Saindo do segundo túnel, o ramal desembocava na rua da Gamboa.

Os galpões da Marítima são tombados, como os últimos testemunhos da atividade ferroviária no bairro da Gamboa. São duas edificações com características da arquitetura industrial inglesa do século XIX, construídas para receber cargas trazidas pelos trens. Os galpões têm tijolos maciços aparentes, com inspiração na arquitetura romântica.

A estação foi desativada na década de 1990, com o espaço ficando completamente abandonado por quase 20 anos, além dos túneis serem ocupados pelo esgoto e lixo. Pilares metálicos e vigas inteiras de sustentação do prédio, com 20 metros cada um, chegaram a ser roubados. Em 2006, foi erguida a Cidade do Samba, no espaço onde ficavam os galpões ao norte da rua da Gamboa, além da Vila Olímpica da Gamboa ao lado dos galpões abandonados do outro lado da rua. Esses últimos galpões, juntamente com o túnel da Marítima que passa logo abaixo do Morro da Providência, foram restaurados entre 2012 e 2014, como parte das obras de revitalização da zona portuária do Rio de Janeiro, o chamado Porto Maravilha.

Os galpões foram repassados à Ação da Cidadania, enquanto o túnel passou a servir às composições do VLT (Veículos Leves Sobre Trilhos), que circulam na região.

A diretora administrativa-financeira da Ação da Cidadania, Eneide de Maia Castro, lembra do susto que tomou quando chegou aos galpões da Gamboa. "Ninguém achava um lugar muito bacana. A primeira visita foi assustadora. Do ponto de vista financeiro, fiquei apavorada. Quando se vê uma estrutura deste tamanho, fica-se logo preocupado com o custo. O custo das obras de reforma, o custo da manutenção."

A Ação custeou a reforma da nova sede com as doações que recebia. Teve de consertar telhados, levantar paredes, refazer instalações elétricas e hidráulicas. "Quando nos mudamos, nem o banheiro estava pronto. Não tinha água. Usávamos o banheiro do pessoal da obra."

Finda a reforma, a nova sede da Ação da Cidadania impressiona pela beleza e espaço. São duas construções de 3.000 metros quadrados em linhas paralelas, separadas por um grande espaço de 8.000 metros quadrados, ocupado por jardins, estacionamento e a cozinha solidária. Na primeira construção, os amplos galpões são usados para depósito de doações e estrutura de transporte para as cestas básicas.

Na segunda construção, ficam os amplos escritórios da sede da Ação, com pés direito altos, janelas em vidro e paredes de tijolos aparentes. Dois vagões metálicos que estavam armazenados no Galpão foram recuperados. Os vagões pertenciam à antiga linha de passageiros Cruzeiro do Sul, que ligava o Rio a São Paulo. São agora espaço de memória e convivência. Para esses vagões, estão sendo estruturados um café literário e um espaço imersivo para exposições. A dupla Os Gêmeos — os artistas paulistanos Otávio e Gustavo Pandolfo — prepara-se para grafitar os espaços, que devem ser abertos ao público até o final de 2023.

No pátio interno, entre as duas edificações, foram plantadas árvores frutíferas e criadas duas hortas que produzem alimentos orgânicos. FOTO: ACERVO AÇÃO DA CIDADANIA

O AFETO EM CAMPO

14

O compromisso com a transformação caracteriza a equipe de ontem e de hoje

"Cheguei aqui como faz-tudo", resume Marcos Aurélio de Barros Marques, 57 anos, que está na Ação da Cidadania desde 1996. "Só tinha eu de funcionário. Eu e uma menina que não trabalhava o dia todo. Então eu fazia tudo. Hoje tenho até cargo: gerente administrativo do prédio. Mas continuo fazendo de tudo!"

Nascido em Itaboraí e técnico agrícola por formação, Marques trabalhava em uma empresa de pesquisa agropecuária. "Mexia com hortões, com sacolão, essas coisas." Passou por todos os prédios que abrigaram no Rio de Janeiro a sede nacional da Ação da Cidadania em 30 anos de existência. Primeiro, trabalhou na rua Marechal Floriano, em prédio que pertencia ao Banco do Brasil. De lá, mudou-se para o galpão da rua Barão de Tefé, na área do Cais do Valongo. "Não tinha nada lá. Estava tudo quebrado, tudo sujo. Chovia mais do lado de dentro do que do lado de fora. Fui eu que coloquei a primeira lâmpada no galpão. Para colocar luz, tive que puxar energia do bar vizinho, com a devida autorização, claro."

Ele se diverte ao lembrar de como ajudou a tornar realidade a reforma do galpão, projetada pelo arquiteto Hélio Pellegrino. "A estrutura era de ferro e concreto. Ele propôs revestir aquilo tudo com tijolinhos, uma solução linda. Percorri quase todas as cerâmicas falidas na região de Itaboraí arrematando o estoque daqueles tijolinhos. Ali tem mais de 500 mil tijolos. As maiores cerâmicas estavam falindo. Comprei quase todos os tijolos daquelas torres das cerâmicas. A cada viagem, transportávamos 5.000 tijolos. Fiquei um mês inteiro só trazendo tijolo."

Em setembro de 2021, Marques teve de começar tudo de novo. A sede da Ação se mudou para a Gamboa. De novo um espaço que precisa de reformas. Telhados a refazer, instalações a ajustar. E luz, claro. Outra lâmpada inicial na carreira de Marques.

Sempre com um sorriso, relembra que passou momentos de privação, após a morte de Herbert de Souza em 1997. "Teve mês que só recebi parte do salário. Quando Betinho estava vivo, as coisas funcionavam mais rápido. Ele abria a boca, o pessoal entregava cesta, fazia doação. Com a morte dele, ficou muito difícil. Foi uma fase pesada."

"Marquinhos" acumula histórias nada triviais do passado da Ação. Em 2001, por exemplo, teve de socorrer a equipe que prestava serviços para a entrega de cesta. O caminhão carregado de alimentos para distribuição em um dos postos foi parado por policiais militares, numa avenida da zona norte do Rio de Janeiro. "Eles perguntaram que negócio era aquele de doar cestas, quem tinha mandado, quem receberia. Estava tudo legal, mas eles pediram dez cestas básicas para liberar o caminhão! Foi um sufoco!"

Contornar crises também faz parte da rotina de Norton Tavares da Silva, 41 anos, gerente de Campanhas na Ação da Cidadania, há 15 anos na entidade. Era um estagiário quando entrou e tem hoje um posto de comando e importância.

Imaginava cursar sociologia, mas acabou se formando em administração. Norton começou a trabalhar no terceiro setor quando se propôs a realizar um curso de informática para jovens do bairro. "Para isso, a gente tinha que participar de um curso de 80 horas de Gestão de ONGs. Percebi que havia sociólogos demais trabalhando no terceiro setor. E pouco administrador."

Norton está diretamente envolvido com a linha de frente da Ação da Cidadania, cuidando de campanhas como Natal Sem Fome e Brasil Sem Fome. "Temos que identificar a comunidade que precisa e fazer a cesta chegar lá, por meio de contato com as lideranças, os voluntários e quem está vulnerável na ponta."

O perfil do voluntariado dos comitês da Ação mudou com o passar do tempo, acredita Norton. Começou com muita gente da classe média, com comitês ligados a estatais como o Banco do Brasil e grandes empresas como a Vale. Era um perfil majoritariamente branco, de classe média.

Na fase de implantação dos comitês, Betinho sempre repetia que todo mundo podia ser um comitê ou fazer parte de um comitê. "Betinho ia chamando as pessoas para entrar na rede porque queria comitês de combate

De estagiário a gerente de Campanhas: 15 anos de indignação com a fome e dedicação à causa.
FOTO: SARA GEHREN

João Victor, Ana Paula e Mariah: contato permanente com os comitês.
FOTO: ACERVO AÇÃO DA CIDADANIA

à fome espalhados no Brasil inteiro. E que fosse uma coisa sem burocracia. Por isso, qualquer um poderia ser um comitê."

Hoje o quadro mudou. "A maior parte dos voluntários dos comitês são mulheres, idosas, pretas, de baixa escolaridade e moradoras de territórios vulneráveis. A maioria dos nossos comitês tem esse perfil. São pessoas por quem a gente tem muita admiração, orgulho mesmo."

Os cerca de 500 comitês da Ação da Cidadania são totalmente autônomos, apesar da orientação e apoio dados pela sede nacional. "Temos nossas diretrizes nacionais de atuação, esses comitês seguem essas diretrizes, mas são autônomos."

O objetivo da ação é a transformação social, prega Norton. "A gente não quer ficar distribuindo cesta básica, isso é uma coisa que tem data para acabar. A gente sabe que uma cesta básica, uma vez por ano, não mata a fome de ninguém. Então a gente usa a campanha Natal Sem Fome com três objetivos. O primeiro é denunciar as famílias que estão em situação de insegurança alimentar. O segundo é denunciar a falta de política pública para atender essas pessoas. E o objetivo número três é colocar a sociedade como partícipe desse problema. E a gente faz isso distribuindo cesta e colocando essa denúncia na mídia, colocando na televisão, fazendo com que as famílias dentro de casa discutam o problema da fome. Então esse é o objetivo da campanha. E o principal é cobrar política pública."

Norton é um defensor radical da profissionalização e da maximização da eficiência no trabalho que faz. "Temos de acabar com essa visão romântica do terceiro setor. Essa coisa de que tem de fazer voto de pobreza para trabalhar no terceiro setor. Essa visão franciscana. Não é o que a Ação da Cidadania faz. A Ação da Cidadania investe pesado em bons profissionais."

A ferramenta mais importante da construção da rede da Ação da Cidadania hoje são os grupos de mensagens conectados por meio do aparelho celular. "No passado, era complicado fazer circular a informação. Hoje é muito mais fácil falar com eles. Quase todos têm celular. São pouquíssimos os que não têm. Aqueles que não têm às vezes contam com a ajuda do filho, de um parente que faz essa ponte para a gente", detalha Norton.

Joelma Sousa também está sempre atenta aos canais de comunicação e redes sociais, devido

> **A IDEIA DE FAZER UM MAPA AFETIVO É FAZER COM QUE OS VOLUNTÁRIOS E COMITÊS SE RECONHEÇAM UM AO OUTRO, COMO TAMBÉM APONTEM AS INEFICIÊNCIAS DO ESTADO."**
>
> _Joelma Souza

Líderes sociais jovens, pretos e periféricos ocupam importantes espaços políticos e distribuem autoestima.
FOTO: ACERVO AÇÃO DA CIDADANIA

às centenas de pessoas que lida em sua rede de trabalho. Nascida no conjunto de favelas da Maré, complexo que cresce às margens da avenida Brasil, Joelma conhece seu território com a palma da mão. Durante 11 anos foi coordenadora de projetos na Redes de Desenvolvimento da Maré, por meio do qual discutiu gênero, articulação comunitária, direito ambiental, questão racial, entre muitos outros pontos. Graduada em serviço social pela Universidade Federal do Rio de Janeiro (UFRJ), é especialista em urbanismo social com pós-graduação em gestão pública. Na Ação da Cidadania, trabalha com a articulação dos 310 comitês distribuídos pelo estado do Rio de Janeiro.

Sua função é estimular que os comitês tracem o que chama de mapa afetivo dos territórios em que atuam. "A gente, às vezes, cria ações em territórios nos quais não conhecemos integralmente. Cada território tem sua particularidade. A ideia de fazer um mapa afetivo é fazer com que os voluntários e comitês se reconheçam um ao outro, como também apontem as ineficiências do Estado. Que cada um responda: quais são as violações existentes no território a partir da não efetivação das políticas públicas?"

Joelma lembra que a favela e a periferia têm muitas violações de direito, além da insegurança alimentar. Por isso propõe que a questão da fome seja debatida, também, a partir de ações e inações do poder público que atravessam estruturalmente a vida das populações que ali vivem. "Nas áreas de favela e periferia, existe violação do direito à alimentação, do direito ao saneamento básico, do direito ao planejamento urbano, do direito à segurança pública."

Por meio de aplicativo de mensagens, Joelma mantém contato com voluntários que estão em campo, nos diversos territórios, cobertos pelos diversos comitês. "A informação roda. O grupo é aberto. Não são só os administradores que enviam mensagens. Nosso trabalho é fortalecer o vínculo com eles. Temos de nos apresentar, explicar nosso papel, ganhar confiança," explicou. Além do celular, reuniões presenciais periódicas, conhecidas como plenárias, são realizadas para afinar a sintonia entre os grupos e conhecer relatos e demandas pontuais.

Cada vez mais aumenta o número de jovens que integram os comitês da Ação da Cidadania. Grande parte dos novos militantes cursou ou está cursando a universidade. Muitos deles foram beneficiários da política de cotas no ensino superior e da possibilidade de acesso a financiamentos públicos que custearam a vaga na universidade. São mudanças relevantes em comparação com lideranças comunitárias mais experientes, nas quais a formação superior era mais rara, principalmente pela inviabilidade social e financeira do acesso à universidade.

Muitos desses novos líderes sociais que trabalham com a Ação da Cidadania estão em áreas de risco. Enfrentam o dilema mais cruel da violência urbana: a ausência de políticas públicas nas áreas mais vulneráveis é sempre justificada pelo temor da insegurança. A violência justifica a falta de iluminação, falta de escola, falta de creche. Justifica a falta de direitos urbanos e a ausência de todas as políticas públicas efetivas nos territórios.

É para tentar causar impacto onde tudo é silenciado que atuam mobilizadoras como a historiadora Juliana Coutinho, 29 anos, moradora de Queimados, no complexo da Torre. Pesquisadora e articuladora do laboratório de tecnologias sociais, digitais e verdes VisãoCop, atua também como pesquisadora e mobilizadora na Ação da Cidadania, no mapeamento das especificidades de cada comitê, de cada território. Além disso, faz parte da Coalizão Clima de Mudança, movimento de organizações preocupadas com o meio ambiente de forma global. Está engajada assim nas discussões sobre justiça climática, justiça ambiental, racismo ambiental e justiça alimentar.

"Como mobilizadora e historiadora, acho que uma das maiores dificuldades que a gente tem hoje é a falta da perspectiva motivacional de fazer com que as pessoas leiam. Então acho que isso é mais cultural do que a falta de oportunidade em si", acredita.

A Ação da Cidadania teve um papel fundamental na ampliação da segurança alimentar na Baixada Fluminense, diz ela. "Se não fosse a Ação, as pessoas realmente morreriam de fome.

Esses episódios da Etiópia que todo mundo se sensibiliza, acontecem aqui e acontecem na Baixada, mas não têm a mesma comoção. A Ação da Cidadania auxiliou nesse processo de a gente não viver na miséria absurda."

Juliana enxerga uma inação governamental proposital nas áreas periféricas. "Eles usam a miséria para conseguir votos. Coronelistas, é um pouco de anacronismo, mas ainda existem coronelistas em determinados espaços. Você vê pessoas fazendo troca de alimentos por votos. É um método antigo, e que, de alguma forma, a gente tenta combater. E a Ação da Cidadania é uma das propulsoras desse movimento."

Com firmeza, Juliana pontua o processo histórico que tem cor e endereço: "Somos pretos e periféricos". Ela cita como exemplo de ocupação do espaço político, quando se reuniu com o então candidato a presidente Luiz Inácio Lula da Silva, durante visita ao Complexo do Alemão. "Imagina a chance de a juventude da periferia pautar o presidente? Dialogar com ele da nossa perspectiva?" Ela reconhece riscos até de vida para os mobilizadores em campo. "Nosso território também é muito perigoso. Aqui é milícia, lá é tráfico. Por isso temos de pesquisar como o território funciona. Montar um diagnóstico e buscar fazer intervenções efetivas. Nesses lugares onde o coronelismo é algo muito presente, a gente precisa encontrar métodos para poder sobreviver. Senão os caras matam a gente muito rápido, muito rápido. Piscou o olho, tá morto. É uma parada que a gente precisa ter método de sobrevivência."

Apesar do discurso forte, Juliana busca passar esperança. "Temos de distribuir autoestima. Temos de mostrar: galera, vocês também podem ocupar cargos! Eu ocupei cargos que eram majoritariamente de pessoas brancas, homens, já senhores, que nunca me respeitaram por estar lá. Tive que ganhar respeito de assalto, senão eles não iam me dar. Como você

A Ação da Cidadania teve um papel fundamental na ampliação da segurança alimentar na Baixada Fluminense

se movimenta no lugar que é totalmente excludente, territorialmente? Na minha concepção do que eu acredito, nas coisas que eu faço, é só construindo redes", resumiu ela.

Mariah Pereira Guimarães, 26 anos, nascida e criada em Madureira, é cofundadora de um negócio social que coloca a bicicleta como solução de mobilidade na cidade do Rio de Janeiro. Trabalhou na Agenda Madureira, documento voltado para implementar e destacar políticas públicas no bairro da zona norte da cidade. "Minha chegada aqui na Ação foi pelo curso Políticas Públicas, da Casa Fluminense, assim como alguns outros colegas", rememora. "O nosso perfil é de militância. A gente conjuga muito esse verbo esperançar. Porque por muitos momentos nós mesmos fomos tomados pela dúvida. Duvidar que mudar seria possível."

Mariah trabalha com comitês da Ação da Cidadania também em São João de Meriti. "No meu território, tinha candidato do Bolsonaro, candidato a deputado estadual do Bolsonaro, fazendo com que as cestas básicas da Ação da Cidadania fossem moeda de troca para ganhar votos. Foi duro combater essa gente." Igrejas evangélicas eram propulsoras desse comportamento.

> **"O NOSSO PERFIL É DE MILITÂNCIA. A GENTE CONJUGA MUITO ESSE VERBO ESPERANÇAR. PORQUE POR MUITOS MOMENTOS NÓS MESMOS FOMOS TOMADOS PELA DÚVIDA. DUVIDAR QUE MUDAR SERIA POSSÍVEL."**
>
> _Mariah Pereira Guimarães

"Na entrada de Queimados, tinha um cartaz: se você é de Jesus, você tem que votar no Bolsonaro; se não votasse, não era de Jesus. Aí a pessoa que vai à igreja, que sempre promoveu o bem, nunca fez nada de ruim para as pessoas, vê aquilo e pensa: poxa, se eu votar no Lula, vou ser demônio. Acredita nisso como verdade absoluta porque não tem senso crítico."

Mariah defende o uso das redes da Ação na construção de pontes. "Para alcançar a justiça social e uma sociedade igualitária, primeiro é preciso fazer justiça com quem já sofreu."

João Victor da Silva é ativista, articulador, comunicador, fotógrafo e social media. Nascido e criado em Nova Iguaçu, tem 25 anos e é uma liderança

LGBTQIA+ da Baixada Fluminense. Participou da criação da Casa Dulce Seixas, única casa de acolhimento para pessoas LGBTQIA+ na Baixada. João Victor também é formado pelo curso de Políticas Públicas da Casa Fluminense, iniciativa que busca fortalecer capacidades de incidência de movimentos, coletivos e lideranças do terceiro setor.

Aprendeu com a experiência de líderes comunitários, como seu Nonô, de Tinguá. "Ele se orgulha de ser o número 4 na lista dos comitês da Ação da Cidadania. Isso para mim é muito importante, porque dá visibilidade para pessoas invisibilizadas no território. Só fui conhecer a maioria desses atores do município após entrar em contato com a Ação da Cidadania. Aprendi com eles como sair da invisibilidade e agir na institucionalidade", afirmou.

"Uma das coisas muito importantes também que a gente foi percebendo com o trabalho dos mobilizadores mais jovens foi essa troca de saber. Os jovens tiveram a possibilidade de acessar instituições e universidades que promovem o conhecimento. Essas pessoas que já estão aí há muito tempo na luta são mais idosas, vêm de outro contexto político", disse ele.

Para João Victor, a luta por direitos é uma luta por espaço contra a elite brasileira, que classifica como perversa. "É o que eu chamo de geração limite, eles nos colocaram limite, eles disseram: Opa! Vocês já avançaram demais! Querem demais: direito, saneamento básico, planejamento urbano, se tornar protagonista nos territórios. A elite brasileira odeia isso."

Ele afirma que a ampliação do acesso dos jovens à universidade incomodou muita gente. "A universidade estimula a reflexão, traz questionamentos. Isso vai incomodar sempre, né? Então eles buscam nos desconstruir, nos calar." Às vezes, o choque geracional se confunde com a dificuldade de se expressar civicamente, como conta a historiadora Juliana Coutinho. Ela conheceu uma militante que era combativa e volta e meia lembrava ter sido uma das primeiras a atuar na Ação. Chegava por vezes a criar confusão, na defesa dos seus pontos de vista. "A dona Cristina tem uma personalidade muito interessante. Ela não conhece a palavra, mas ela fala. Fala e, às vezes, ela grita."

Juliana conta que só entendeu Dona Cristina completamente quando leu uma frase do filósofo camaronês Achille Mbembe.

"Quando a gente não consegue falar, a gente quer gritar!".

FOTO: BRENO LIMA

"ATÉ QUANDO VAMOS FINGIR QUE NÃO ESTAMOS VENDO FAMÍLIAS INTEIRAS COM FOME NO NOSSO QUARTEIRÃO? VAMOS IGNORAR ESSA INDIGNIDADE, NÃO VAMOS FAZER NADA?"

_Betinho, sociólogo e liderança da Ação da Cidadania

A ORIGEM DE TUDO

01

A Ação da Cidadania se tornou o maior movimento social popular que do Brasil já teve notícia

O ano era 1993. Depois de décadas de ditadura militar, um vento de esperança soprava no Brasil. Dava pra sentir no ar a energia da mudança. A população, novamente mobilizada e confiante, lutava para recuperar a democracia no país. O chamado para ajudar a combater a fome de 32 milhões de brasileiros foi como um poderoso combustível, que fez acender uma enorme chama de solidariedade.

Se hoje a gente acha normal doar um quilo de alimento, saiba que essa "moeda social" foi criada pela Ação da Cidadania contra a Fome e pela Vida. Em todo e qualquer evento o ingresso incluía um saquinho de solidariedade. Aniversariantes e noivos pediam alimentos em lugar de presentes. Essas milhares de pequenas doações iam se multiplicando e enchendo galpões de comida, onde voluntários montavam cestas básicas e carregavam caminhões, que partiam levando alívio e esperança para quem tinha fome.

É preciso voltar à História para entender como a Ação conseguiu transformar o voluntariado e a solidariedade em conceitos positivos e se tornou o maior movimento social popular que o Brasil já teve notícia.

A lei da Anistia Política havia sido promulgada em 1979, ainda por um presidente general, João Baptista Figueiredo, eleito por voto indireto (só deputados e senadores podiam votar). O sociólogo Herbert de Souza, que se tornaria a maior liderança da Ação da Cidadania, voltou do exílio logo na primeira leva.

Milhares de brasileiros tinham fugido do país para não serem mortos, presos ou torturados. Além da saudade, os exilados trouxeram na bagagem o modelo das Organizações Não Governamentais (ONGs). Betinho fundou, com Carlos Afonso e Marcos Arruda, o Instituto de Análises Sociais e Econômicas (Ibase), para produzir pesquisas sociais e gerar "I"nformação para a "base".

Betinho é recebido no aeroporto com festa na volta do exílio.
FOTO: REPRODUÇÃO

Nesse meio tempo, o ABC Paulista fervilhava em greves. Surgia uma liderança sindical que reunia milhares de pessoas nos pátios das montadoras. Luiz Inácio Lula da Silva começava a preparar o terreno para a fundação do Partido dos Trabalhadores (PT) e viria a contribuir enormemente com o fim da fome no Brasil.

A população brasileira não aguentava mais a crise permanente, os salários baixos, a inflação descontrolada e a dívida externa impactando o custo de vida, os militares claramente não tinham uma solução em vista. A sociedade implorava por ser ouvida e foi para as ruas exigir escolher o próximo presidente por voto direto.

Em 1984 a campanha pelas "Diretas Já" tomou conta do país, embora a imprensa fingisse que nada estava acontecendo. Mas foi impossível ignorar 1 milhão de pessoas reunidas na Candelária, no Rio de Janeiro, ou 1,7 milhão de manifestantes no Vale do Anhangabaú, em São Paulo, só para citar os maiores eventos registrados. Havia comícios por todo o Brasil. Eram manifestações alegres, coloridas e com grande participação da classe artística.

Milhares de pessoas foram às ruas pedir Diretas Já. Candelária, Rio de Janeiro.
FOTO: J. R. RIPPER

Uma emenda constitucional apresentada pelo deputado Dante de Oliveira (PMDB-MT) propôs a volta das eleições diretas. Os bares ficaram lotados como em uma final de Copa do Mundo. Todos queriam acompanhar (e comemorar) a votação, mas a proposta foi rejeitada. Apesar dos 298 votos a favor, 65 contra, e três abstenções, era preciso conseguir 320 votos para que a emenda fosse enviada ao Senado. O governo militar fez pressão e 113 deputados não compareceram. A frustração foi geral.

Tancredo Neves foi eleito novamente por voto indireto, mas não chegou a tomar posse. Adoeceu, foi hospitalizado e faleceu, deixando a faixa presidencial para um ex-apoiador dos militares, José Sarney. A profunda crise e a pressão social fizeram o conservador adotar o *slogan* "Tudo pelo social" e deixar fluir a Assembleia Nacional Constituinte. Era óbvio que o Brasil precisava de mudanças. A Constituição Cidadã de 1988 foi construída com a participação da sociedade, consolidando direitos e garantias individuais. Uma vitória dos movimentos sociais pela democracia.

Agora sim, o brasileiro poderia novamente escolher seu presidente e a forma como o país seria governado. As opções eram muitas. Nada menos do que 22 candidatos concorreram à Presidência da República em 1989. Foram para o segundo turno Fernando Collor de Mello e Luiz Inácio Lula da Silva. Collor representava a elite, a ousadia e o senso de justiça. A imprensa ajudou a transformá-lo no "Caçador de Marajás", que prometia acabar com os altos salários dos funcionários públicos.

Já Lula representava a massa trabalhadora e encantava intelectuais e artistas, mas assustava a elite, que o considerava despreparado para comandar o país por causa de sua baixa escolaridade. O último debate na televisão era decisivo e aconteceu tarde da noite. A TV Globo fez uma edição tendenciosa, exibida nos jornais em todos os horários, e ajudou a eleger

Festa da democracia: aprovada a Constituição de 1988.
FOTO: AGÊNCIA BRASIL

O povo foi às ruas pedir o *impeachment* de Fernando Collor de Mello.
FOTO: MÁRCIA FOLETTO / AGÊNCIA O GLOBO

Collor, por uma diferença de apenas três pontos percentuais. Metade da população estava frustrada e a outra metade não ficaria feliz por muito tempo.

Assim que assumiu, Collor anunciou um plano econômico congelando os preços, tornando o câmbio flutuante e criando uma moeda, o Cruzeiro. E não foi só isso: o Plano Collor sequestrou as economias e investimentos de todos os brasileiros. Nem a caderneta de poupança ficou de fora. Cada pessoa só pôde sacar até Cr$ 50 mil, ou US$ 1.200 na época. Em dois meses o caos estava instalado: a economia parou, as famílias se desestruturaram e a inflação disparou.

Como se não bastasse, estouraram seguidas denúncias de corrupção envolvendo o presidente e sua família. Seu próprio irmão, Pedro Collor, denunciou um esquema de arrecadação com empresários liderado pelo tesoureiro da campanha, Paulo César Farias, envolvendo cerca de US$ 8 milhões, entre 1990 e 1992. PC Farias chegou a fugir do país, mas foi preso e, seis meses depois de ter recebido liberdade condicional, foi encontrado morto. O crime nunca foi esclarecido.

O ano de 1992 foi realmente um momento inesquecível na história recente do Brasil. A sociedade, que tinha lutado tanto para restabelecer a democracia, não aguentaria calada os seguidos escândalos envolvendo Collor. Pois o mesmo povo que ajudou a elegê-lo se sentia forte e unido para tirá-lo da Presidência, e usando, pela primeira vez, uma ferramenta prevista na nova Constituição: o *impeachment*.

Assim nasceu o Movimento pela Ética na Política (MEP), semente da Ação da Cidadania. Tudo começou com um grupo de 12 pessoas, que se reunia mensalmente no Fórum de Ciência e Cultura da Universidade Federal do Rio de Janeiro (UFRJ) para discutir formas de mobilizar a sociedade para impedir o presidente. Vale lembrar que não existia internet ou redes sociais. Qualquer informação dependia da imprensa para circular. As mobilizações eram feitas por telefone, fax e com a distribuição de panfletos. As estruturas das organizações, portanto, eram fundamentais para divulgar as atividades do Movimento.

Do grupo participavam, voluntariamente, representantes de instituições como a Ordem dos Advogados do Brasil (OAB), Associação Brasileira de Imprensa (ABI), Instituto Brasileiro de Análises Sociais e Econômicas (Ibase), Conferência Nacional dos Bispos do Brasil (CNBB), Instituto de Estudo Socioeconômicos (Inesc), entre outras, já sob a liderança de Betinho e Dom Mauro Morelli, bispo emérito da diocese de Duque de Caxias.

Dom Mauro dedicou sua vida à luta por uma igreja aberta aos problemas do mundo e a fome era uma delas. Na reunião de maio ficou decidida a "Vigília pela Ética na Política", no Senado. O evento reuniu mais de mil pessoas e mostrou que era a hora de entregar o pedido de *impeachment* do presidente ao Congresso.

No dia 1º. de setembro um grupo de pouco mais de 100 pessoas saiu da sede da OAB, em Brasília, e marchou de braços dados pela Esplanada dos Ministérios até o Congresso Nacional para entregar o documento. Betinho estava lá, na linha de frente dessa "tropa de choque" da democracia. Na praça dos Três Poderes o grupo já somava mais de 3 mil pessoas. O povo tomou conta do Congresso e ocupou o Salão Verde da Câmara dos Deputados, não quebrando tudo, mas sim cantando o hino da Independência.

No dia 20 de setembro, um domingo, foram organizados eventos em várias capitais, saudando a chegada da "Primavera da Ética na Política" e reforçando a necessidade do *impeachment*. Aconteceram diversas atividades com a participação de crianças, estudantes, políticos, atletas. Os artistas participavam em massa, realizando grandes shows e ajudando a atrair cada vez mais pessoas para o movimento.

Numa tentativa de reação, o presidente convocou seus aliados a saírem na rua de verde e amarelo (isso lembra alguém?) no fim de semana seguinte. O MEP combinou uma contramanifestação com os taxistas, que se vestiram de preto nesse dia. Pois não é que milhares de pessoas, taxistas ou não,

As mobilizações eram feitas por telefone, fax e com a distribuição de panfletos

Representantes da sociedade civil se dirigem ao Congresso para entregar o pedido de *impeachment* ao Congresso Nacional, no dia 1º de setembro de 1992. Betinho segue na fila da frente.
FOTO: ACERVO NO MUSEU HISTÓRICO DA OAB

também saíram de luto naquele domingo? O povo sabia o que queria e qualquer estímulo era um motivo para se articular e se manifestar.

No Rio de Janeiro, São Paulo e Brasília as pessoas foram para as ruas para acompanhar, juntas, a votação do *impeachment* na Câmara. Houve um grande show no final. Collor ainda tentou renunciar para assegurar seus direitos políticos, mas o Senado decidiu pela cassação do mandato e o tornou inelegível por oito anos. Em meio às festas de fim de ano, sem cerimônias ou discursos, o vice Itamar Franco tomou posse.

Se o momento era delicado, o novo presidente podia contar com uma população mobilizada. Itamar começou a construir alianças com atores sociais importantes e com partidos que tinham apoiado o *impeachment*, entre eles o PT. Lula recusou o convite para integrar uma coalizão com o novo governo, mas entregou ao presidente um documento resumindo o desenho institucional do que veio a ser a Política Nacional de Segurança Alimentar. A proposta também previa a criação do Conselho Nacional de Segurança Alimentar (Consea) e da Secretaria Especial de Combate à Fome. O Consea, formado por representantes do governo e da sociedade, seria responsável por orientar as políticas públicas e o trabalho da nova secretaria.

Na reunião ministerial de março de 1993, o presidente apresentou o Plano de Combate à Fome, com programas e metas para cada ministério, e ordenou prioridade na execução. Betinho e Dom Mauro Morelli, que vinham debatendo o combate à fome com Itamar desde sua posse, representaram a sociedade. Anna Maria Peliano, pesquisadora do Instituto de Pesquisa Econômica Aplicada (Ipea), apresentou o Mapa da Fome, que revelava índices vergonhosos: 65 milhões de brasileiros viviam em extrema pobreza; desses, 32 milhões não tinham o que comer. O mapa também dizia onde a fome estava, permitindo planejar estratégias que alcançassem todo o país. E provava que não havia falta de comida, ao contrário. Faltava distribuir as riquezas.

Na visão de Betinho, as ações governamentais só teriam sucesso se contassem com a mobilização e a participação da sociedade. Nascia, assim, a Ação da Cidadania contra a Fome e pela Vida, liderada pelo sociólogo. Dom Mauro assumiu a presidência do Consea, ao lado de Dom Luciano Mendes de Almeida, presidente da CNBB.

À esquerda, Betinho e Dom Mauro Morelli, representando a sociedade, em reunião ministerial com o então presidente, Itamar Franco.
FOTO: GLÁUCIO DETTMAR

À direita, Maurício Andrade e Dom Mauro Morelli na primeira reunião do Consea.
FOTO: ACERVO AÇÃO DA CIDADANIA

> "A LUTA CONTRA A MISÉRIA TEM DUPLA DIMENSÃO: A EMERGENCIAL E A ESTRUTURAL. ATUAR NO EMERGENCIAL SEM CONSIDERAR O ESTRUTURAL É CONTRIBUIR PARA PERPETUAR A MISÉRIA. PROPOR O ESTRUTURAL SEM ATUAR NO EMERGENCIAL É PRATICAR O CINISMO DE CURTO PRAZO EM NOME DA FILANTROPIA DE LONGO PRAZO."

_Betinho

A CAMPANHA CONTRA A FOME

02

Com uma comunicação forte, a campanha crescia e ganhava adesões de toda a sociedade

Betinho precisava viralizar a ideia da Ação da Cidadania contra a Fome, a Miséria e pela Vida. Era fundamental aproveitar a mobilização da sociedade e canalizar essa energia. E como chegar a todos os brasileiros e brasileiras de uma só vez? A ideia foi do próprio Itamar Franco. Pela primeira e única vez na História do país, no dia 24 de julho de 1993, o horário exclusivo da Presidência da República em rede nacional de rádio e TV foi utilizado pela sociedade civil. Betinho e Dom Mauro explicaram o Mapa da Fome, como seria a Política Nacional de Segurança Alimentar e convocaram a população a fazer um esforço contra a miséria e a fome no Brasil.

Pela lente da câmera, olhando nos olhos do povo, Betinho conquistou a maioria: "Até quando vamos fingir que não estamos vendo famílias inteiras com fome no nosso quarteirão? Vamos ignorar essa indignidade, não vamos fazer nada?". E provocou a imaginação da sociedade: "O que você pode fazer? Pode dar um prato de comida? Um quilo de alimento? Reúna seus vizinhos, seus parentes, seus amigos; será que juntos vocês não conseguem ajudar um grupo maior?". Alguns acharam assistencialista, mas a novidade estava exatamente aí. Enquanto as políticas públicas eram desenhadas e implantadas pelo governo, a fome não podia esperar. Afinal, "Quem tem fome, tem pressa".

APONTE O CELULAR
E VEJA O VÍDEO EM:
https://bit.ly/456vGcy

A Ação da Cidadania foi lançada oficialmente no dia 24 de abril de 1993

No dia seguinte o telefone do Ibase não parava de tocar. O rolo de papel da máquina de fax (o e-mail da época) tinha acabado. Pelo chão, uma enorme tira, com todo tipo de mensagem de apoio e oferecimento de ajuda. A ONG estava acostumada a participar de campanhas, mas nada com tamanha participação. Foi preciso montar um quartel-general de comunicação dentro do Ibase. A agenda de Betinho estava lotada, todos os dias, com entrevistas para rádios, jornais, revistas e TVs. Diariamente havia pilhas de cartas e faxes com ofertas de ajuda para ler. E nenhuma ficava sem resposta.

Betinho era bom de papo, tinha a capacidade de conversar sobre assuntos complexos de um jeito simples, que qualquer pessoa podia entender. Além de um comunicador nato, tinha a habilidade de reunir pessoas com ideias muito diferentes e conduzir um diálogo saudável e produtivo. Era divertido, simples e sua aparência frágil — resultado da hemofilia e da consequente contaminação pelo vírus da Aids — contrastava enormemente com a força com a qual exprimia suas ideias. Ele acreditava tão sinceramente na capacidade das pessoas de transformar a sociedade, que a população também acreditou e abraçou a causa da luta contra a fome.

A Ação da Cidadania foi lançada oficialmente no dia 24 de abril de 1993, em uma solenidade na Universidade do Estado do Rio de Janeiro (UERJ), com a presença dos mais expressivos nomes da sociedade brasileira. Quatro dias depois foi criado o Comitê Rio, concebido como uma associação para aglutinar os diversos comitês que pipocavam por todo o estado. Em cinco meses eram mais de 40! O economista Maurício Andrade, funcionário do Banco do Brasil, assumiu a liderança no Rio. Era especializado em reforma agrária, segurança alimentar e abastecimento. A fome, portanto, já estava em sua pauta de trabalho.

Abaixo, Betinho e Maurício Andrade, as duas principais lideranças da Ação da Cidadania.
FOTO: REPRODUÇÃO

Maurício se tornou a principal liderança da Ação depois de Betinho. Esses dois homens magrinhos e cheios de sonhos e determinação formaram uma dupla imbatível: Betinho articulava nacionalmente e fazia a animação do movimento; Maurício atuava no dia a dia dos comitês no Rio de Janeiro, que se multiplicavam vertiginosamente. Durante sete anos, o Comitê Rio funcionou em dois espaços cedidos pelo Banco do Brasil, até se mudar para o Armazém da Cidadania, no bairro da Saúde, onde ficou até 2021.

Qualquer um podia criar um comitê; não era preciso autorização ou nem mesmo informar o que estava fazendo. O grupo definia o que pretendia fazer e pronto, já era parte da Ação da Cidadania. Muita gente teve dificuldade no primeiro momento. O povo estava desacostumado à autonomia e à liberdade. Os comitês iam nascendo espontaneamente, por bairros, por cidades, por categoria profissional. Onde houvesse interesse comum, surgia um comitê. Democracia, liberdade e espontaneidade. Eram os pilares do movimento.

Betinho aproveitou o "Primeira & Última", jornal criado durante o MEP, em parceria com o Instituto e Estudos da Religião (Iser), Federação de Órgãos para Assistência Social (Fase) e Instituto de Ação Cultural (Idac), para estimular a criação de comitês e esclarecer as principais dúvidas que chegavam ao Ibase. Como o "P&U" era um jornal mural, com duas páginas, a primeira e a última, em um ano ele ficou pequeno para divulgar a enorme quantidade de atividades que a Ação desenvolvia.

Comitês de todo o país produziam informação sobre a campanha.

O Jornal da Cidadania tinha uma tiragem de 200 mil exemplares, distribuídos para todo o Brasil através dos malotes da Caixa Econômica e do Banco do Brasil

Assim, foi criado o "Jornal da Cidadania", em agosto de 1994, com uma equipe exclusivamente dedicada à Ação, liderada pela jornalista Sonia Aguiar. A tiragem gigante de 200 mil exemplares era distribuída gratuitamente através dos malotes do Banco do Brasil, Caixa Econômica Federal e dos Correios. Lembram de como as estruturas das organizações eram fundamentais? Pois essas estatais foram essenciais para que a divulgação das atividades dos comitês, que rapidamente iam se formando, chegassem aos recantos mais remotos do país.

O Jornal da Cidadania também era enviado para igrejas, bibliotecas, associações de moradores e escolas, onde eram usados como material paradidático. O Comitê Rio também criou o Informativo Nação Cidadania para divulgar as atividades dos comitês e eventos culturais e sociais ligados à campanha no Rio de Janeiro. Outros jornais e informativos começaram a surgir pelo país.

Betinho foi bater na porta de todas e todos que pudessem dar visibilidade ao movimento. Os influenciadores da época eram os artistas e intelectuais, mas era preciso ganhar também os políticos, donos de revistas, rádios e TVs. O sociólogo ousou provocar uma categoria que não costumava trabalhar por pouco dinheiro, muito menos por dinheiro algum: os publicitários. Betinho propôs a união de todas as agências e de todos os profissionais da área em torno de uma causa comum: o fim da fome. Assim nasceu o Comitê Ideias, formado pelas mentes mais brilhantes da propaganda na época, que assumiram a tarefa de fazer o combate à fome viralizar no país.

> Era preciso conquistar a sociedade e a imprensa, que até então evitava dar espaço para os movimentos sociais

O primeiro desafio foi criar um logotipo eficiente e de fácil identificação com o nome "Ação da Cidadania contra a Fome a Miséria e pela Vida". A palavra "AÇÃO" sobre um prato de comida vazio condensou a ideia. Também foi criado o folheto "Como formar comitês? O que eu posso fazer?", que as agências de publicidade ajudaram a multiplicar para que fossem distribuídos em toda parte. Para a TV, Tony Ramos, Malu Mader e Maitê Proença gravaram três spots, que foram veiculados gratuitamente.

Era no Comitê Ideias que nasciam as estratégias de comunicação da campanha e diversas peças de divulgação. Era preciso conquistar a sociedade e a imprensa, que até então evitava dar espaço para os movimentos sociais. O Comitê de Cultura reunia a classe artística e seria impossível nominar todos os que colaboraram com essas ações. Qualquer atividade organizada podia contar com grandes nomes da música brasileira e com estrelas da televisão, além de artistas plásticos, produtores, iluminadores, eletricistas, todos os envolvidos na cultura estavam sempre à disposição.

APONTE O CELULAR E VEJA O VÍDEO EM:
https://bit.ly/445qioo

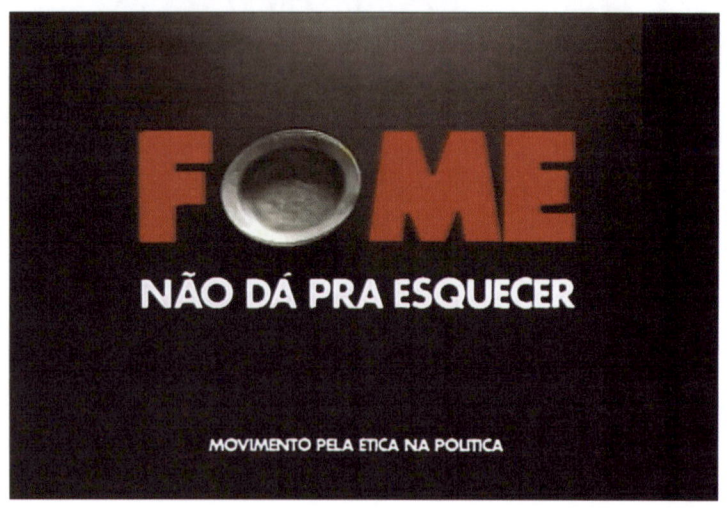

APONTE O CELULAR
E VEJA O VÍDEO EM:
https://bit.ly/3YoZJte

FOME
NÃO DÁ PRA ESQUECER
MOVIMENTO PELA ÉTICA NA POLÍTICA

Entre 1993 e 1997 dezenas de filmes e anúncios foram produzidos e veiculados gratuitamente em jornais, revistas, rádios e redes de TV, muitas vezes nacionalmente e em horário nobre. A Ação da Cidadania esteve na mídia impressa e televisiva praticamente todos os dias, durante quase cinco anos. Essa presença constante nos jornais, rádios e TVs e a forte participação dos artistas foi fundamental para manter o foco permanentemente sobre o movimento.

A arte foi amiga da Ação da Cidadania desde as primeiras horas. Além dos espetáculos artísticos vincularem a doação de alimentos à venda de ingressos, havia os eventos organizados especialmente para esse fim. Quem viveu esses dias vai se lembrar da "Semana de Arte contra a Fome", "Quem Sabe Faz a Hora", "Você Tem Fome de Quê?", o "Fome de Rock", "Cidadão", entre muitos outros. Esses espetáculos reuniam verdadeiras constelações pelo fim da fome. Foram momentos carregados de esperança, que ajudaram a criar uma consciência, uma nova forma de mudar o Brasil, a partir da capacidade de agir do cidadão.

Betinho se sentia à vontade em qualquer evento cultural. Acima, no espetáculo Cidadão, ao lado do lendário Grande Otelo. Renato Russo (à direita) participou do Show pela Vida e foi um grande doador e parceiro da Ação.

A Semana de Arte contra a Fome, no Parque Lage, reuniu diversas expressões artísticas para falar sobre a fome e a miséria. FOTO: CRISTINA ZAPPA

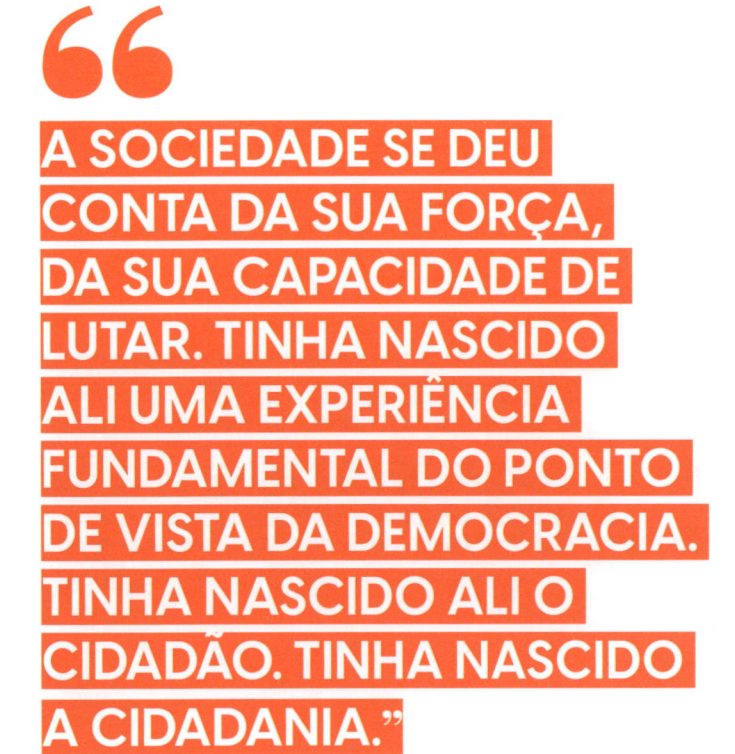

> **"A SOCIEDADE SE DEU CONTA DA SUA FORÇA, DA SUA CAPACIDADE DE LUTAR. TINHA NASCIDO ALI UMA EXPERIÊNCIA FUNDAMENTAL DO PONTO DE VISTA DA DEMOCRACIA. TINHA NASCIDO ALI O CIDADÃO. TINHA NASCIDO A CIDADANIA."**
>
> _Betinho

APONTE O CELULAR E VEJA O VÍDEO EM:
https://bit.ly/3OPdsq2

CRESCIMENTO SURPREENDENTE

03

A campanha ganhava fôlego e foi preciso investir em logística para chegar a todos os recantos do país

FOTO: MAURA SOUZA

Nos armazéns da Conab, voluntários trabalhavam dia e noite para organizar as cestas de alimentos entregues à população no Natal sem Fome.
FOTOS: REPRODUÇÃO REDE GLOBO

A explosão da campanha surpreendeu o próprio Betinho. A cada entrevista surgiam mais adesões, ajudas e apoios por todo o Brasil. No Ibase, choviam cartas e telefonemas, contando da criação de mais e mais comitês, liderados por pessoas de todos os tipos: donas de casa, pequenos agricultores, empregadas domésticas, aposentados, professores, estudantes, profissionais liberais, intelectuais. Alguns recolhiam e distribuíam alimentos. Outros decidiram entregar essa comida já pronta, pois nem todos têm uma cozinha. Em alguns estados, como em Pernambuco, a distribuição de água era uma necessidade, e assim foi feito.

Antigos galpões, lojas e até casas de família se transformaram em restaurantes populares, que mataram a fome de incontáveis cidadãos, até aqui invisibilizados. Um quintal sem uso se tornava uma horta, disponível para quem estivesse precisando. As datas festivas, como Dia das Mães, dos Pais, das Crianças, Festas Juninas, todo dia era dia para arrecadar. A criatividade do cidadão brasileiro para fazer o bem parecia não ter fim. Betinho havia mesmo tocado o coração das pessoas e todos queriam "fazer a sua parte".

O ato de doar, antes visto como assistencialista e até humilhante, passou a ser chique. Socialites organizavam grandes eventos beneficentes e mostravam que a solidariedade poderia vir de qualquer lugar. Brasileiros que viviam fora do país começaram a criar comitês pelo mundo: Santiago, Paris, Washington e Nova Iorque. Só na Suíça havia quatro deles. O da capital, Zurique, enviou mais de 500 quilos de roupas, remédios e calçados, apenas no primeiro ano. As companhias aéreas transportavam essas doações sem custos até o Brasil. Independentemente das empresas ou do governo, as pessoas estavam pessoalmente comprometidas e dispostas a trabalhar voluntariamente. A credibilidade do trabalho só fazia aumentar. E as doações também.

A campanha tinha começado havia pouco mais de um mês e a quantidade dos estoques doados era enorme. Seria preciso estruturas maiores para dar conta de distribuir tudo de forma eficiente. Já havia empresários participando ativamente, mas as empresas públicas de grande porte podiam oferecer a logística necessária para fazer a campanha chegar a todo o país. Nessa época, as empresas não tinham sequer um setor de responsabilidade social que

Betinho havia mesmo tocado o coração das pessoas e todos queriam "fazer a sua parte"

pudesse ser acionado. Mas havia, além de um enorme contingente de voluntários, a possibilidade de envolver financeiramente cada uma dessas empresas no compromisso de acabar com a fome. Valia a pena tentar.

A criação do Coep abriu as portas para a participação do empresariado.
FOTO: SEVERINO SILVA

Betinho convidou para uma reunião representantes das maiores empresas públicas do país: Petrobras, Eletrobras, Vale, Furnas, Embratel, Embraer, Embrapa, Banco do Brasil, Caixa Econômica Federal, Correios, entre outras. Pediu, também, que levassem, preenchido, um formulário com as ações sociais que cada empresa realizava. O sociólogo abriu a reunião com uma frase de peso: "Temos aqui, sentados nesta mesa, a metade do PIB nacional, que pode ajudar a matar a fome dos brasileiros".

Foi feito um mapeamento das ações sociais dessas empresas e, três meses depois, 33 presidentes haviam assinado o termo de adesão ao Comitê das Entidades Públicas no Combate à Fome e pela Vida (Coep), um marco nas diferentes parcerias realizadas pela Ação. Cada empresa elegeu um representante e começou a traçar seus planos. O Coep despertou o interesse de seus milhares de funcionários, que passaram

APONTE O CELULAR E VEJA O VÍDEO EM:
https://bit.ly/4480RCK

a se engajar, também, nas localidades onde atuavam, colaborando para encontrar soluções para os problemas sociais e urgentes. Essa foi, sem dúvida, a semente do movimento de responsabilidade social empresarial que iria se consolidar mais tarde no Brasil, a partir da criação do Instituto Ethos, em 1988.

Tudo o que vinha do Coep, chegava em grande quantidade: várias dessas empresas, como os Correios, recolhiam e doavam, mensalmente, um vale-refeição de cada funcionário. Furnas cedeu terras improdutivas para fazer hortas e criou um centro comunitário; funcionários da Chesf doaram parte do seu salário. O Banco do Brasil também teve um papel destacado nesse processo. Cerca de dois terços dos comitês do Coep estavam organizados dentro das agências do Banco do Brasil, inclusive no exterior, onde funcionaram como ponto de arrecadação de doações.

> **TEMOS AQUI, SENTADOS NESTA MESA, A METADE DO PIB NACIONAL, QUE PODE AJUDAR A MATAR A FOME DOS BRASILEIROS."**
>
> _Betinho

NATAL SEM FOME

04

FOTO: EVERALDO CARNEIRO / IMAGENS DA TERRA

Em um ano a Ação da Cidadania havia criado cerca de três mil comitês em todo o Brasil

O ano de 1993 ainda não tinha terminado quando foi criada a atividade mais emblemática do movimento: o Natal sem Fome. A data, que tradicionalmente já desperta a fraternidade, ganhou uma dimensão impensada. Afinal, como compartilhar uma mesa farta com a família enquanto outros passam fome? Os postos de abastecimento da Petrobras se tornaram pontos de arrecadação. Quem ia ao supermercado fazer compras deixava ali mesmo sua doação. Por todo o país, os comitês criavam formas inéditas de aumentar a quantidade de alimentos: faziam gincanas, brincadeiras e um sem-número de diferentes eventos.

Os shoppings também aderiram, cedendo espaço para apresentações culturais e artísticas e como ponto de coleta de doações. Outras empresas foram se aproximando. O apoio dos artistas só aumentava e os atletas também aderiram. O "Fome de Bola", evento beneficente reunia craques, ex-craques e artistas em partidas de futebol, aconteceu em várias cidades do Brasil. No Rio, o público lotou o estádio do Flamengo para assistir a um jogo com, entre outros, Chico Buarque, Marcos Winter, Jairzinho e Junior. No time feminino, Lucélia Santos, Letícia Sabatella e Malu Mader eram algumas das jogadoras em campo. O evento arrecadou 900 quilos de alimentos. Em Belo Horizonte, o "Fome de Bola" aconteceu no Mineirão e conseguiu reunir nada menos do que 11 toneladas de alimentos. Milton Nascimento produziu um show especialmente para o Natal sem Fome, também em Belo Horizonte, com transmissão pela Band. Entre os convidados estavam Simone, James Taylor e Jon Anderson, lendário vocalista do grupo Yes. Os dois foram as primeiras estrelas internacionais a aderirem à campanha. Se o show era para a Ação da Cidadania, todos queriam participar. Embaixo das árvores de Natal das empresas, das escolas e igrejas, dos edifícios e condomínios, dos clubes e academias as antigas caixas vazias

APONTE O CELULAR
E VEJA O VÍDEO EM:
https://bit.ly/45ktcqm

embrulhadas em papel de presente deram lugar a sacolas de comida.

Não foi fácil conseguir as 580 toneladas de alimentos que fizeram o Natal de 290 mil pessoas mais feliz naquele ano. Betinho, que era um mestre em fazer costuras impensáveis, conseguiu amolecer o coração dos empresários. Junto com Maurício Andrade, coordenador-geral da campanha, travaram uma longa negociação com o então presidente da Confederação Nacional da Indústria (CNI) e conseguiram 25 mil cestas básicas doadas pela CNI e pelo Sesi.

Para celebrar o sucesso do primeiro Natal sem Fome foi realizada uma ceia simbólica na Av. Rio Branco, no Centro do Rio de Janeiro. Nos anos seguintes, essa se tornou uma das principais atividades da campanha na cidade. Todos ajudam na organização e na decoração, feita com pães, frutas e trigo. As atividades duram o dia todo e incluem brincadeiras para crianças, rodas de dança e capoeira, entre outras. As pessoas contribuem, interagem e o evento só acaba quando a mesa está coberta de alimentos.

Voluntários ouvem as orientações antes de iniciar a tarefa de transformar toneladas de alimentos em cestas de Natal.
FOTO: EVERALDO CARNEIRO/IMAGENS DA TERRA

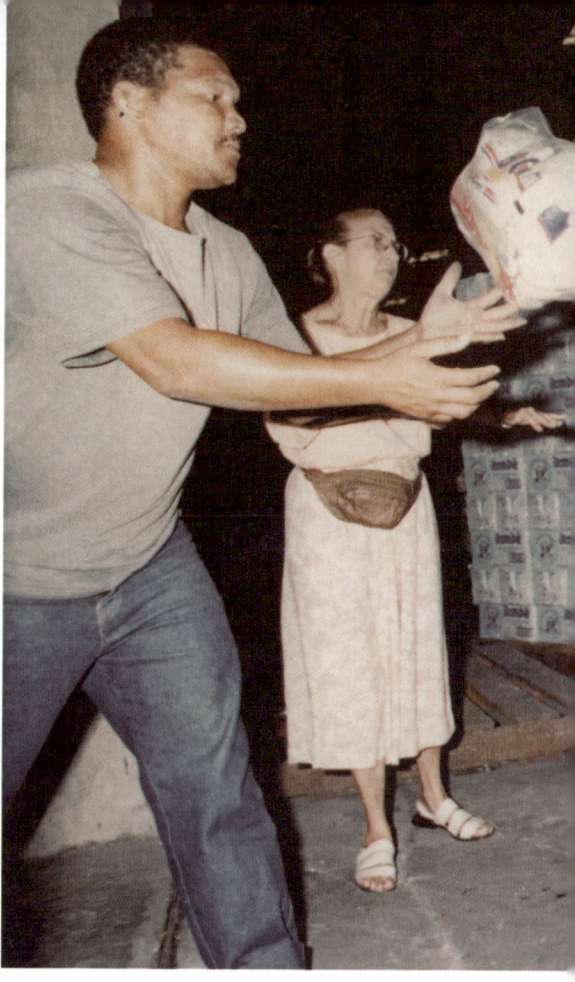

No final do primeiro ano da campanha já existiam cerca de três mil comitês em funcionamento no Brasil. Uma pesquisa do Ibope registrou que 68% dos brasileiros conheciam a campanha, especialmente pela TV. Do total dos entrevistados, 32% declararam alguma forma de participação ou contribuição para a campanha e 11% afirmaram participar ativamente de algum comitê. Isso quer dizer que em dezembro de 1993 a Ação da Cidadania envolvia cerca de 2,8 milhões de brasileiros e brasileiras, movidos pela solidariedade e trabalhando voluntariamente pelo fim da fome.

Betinho queria avançar e propôs que os comitês pensassem em formas de criar emprego e renda. Novamente os dados mostravam a dimensão do problema: segundo o Instituto Brasileiro de Geografia e Estatística (IBGE) havia, em 1994, 20 milhões de brasileiros trabalhando em condições precárias ou sem trabalho. Muita gente se perguntou: como esses grupos informais iriam assumir uma tarefa dessas? O sociólogo não tinha dúvidas da capacidade criativa da população.

Em pouco tempo havia sandálias de borracha com a marca da Ação da Cidadania sobre as mesas do Ibase. Por todo o país os comitês se transformavam ou apoiavam a criação de cooperativas de produção e microempresas. Na

Durante vários dias, voluntários abastecem caminhões que levam as doações para os municípios mais afastados
FOTOS: ACERVO AÇÃO DA CIDADANIA

> **"NÓS NÃO ESTAMOS DIANTE DE UMA SIMPLES CAMPANHA, MAS SIM DIANTE DE UM MOVIMENTO. UM MOVIMENTO QUE NÃO TEM COMITÊ CENTRAL, QUE NÃO DEVE OBEDIÊNCIA A NENHUMA PESSOA. UM MOVIMENTO QUE PODE MUDAR ESSE PAÍS."**
>
> _Betinho, em publicação do Comitê Rio, 1994

Taquara, bairro carioca, uma cooperativa de tijolos de concreto e lajes deu início a uma cooperativa habitacional. O Fundo Inter-religioso arrecadou doações através das contas de luz, conseguindo o dinheiro do terreno. Com o que sobrou, foi montada uma pequena fábrica de tijolos, que viabilizou a construção de 28 casas. Até hoje o comitê Jardim Shangri-lá continua ativo e gerando renda e emprego na sua comunidade.

Na Zona Leste de São Paulo, 20 desempregados montaram uma cozinha industrial para fornecer marmitas, de domingo a domingo, a preços reduzidos. Na Ilha do Governador, no Rio, o Comitê Praia do Rosa ampliou suas atividades para além das 250 cestas básicas distribuídas no primeiro ano, e criou uma oficina de costura em um galpão da paróquia local, que também doou as máquinas. Tudo foi arrecadado na vizinhança: tecidos, retalhos, linhas e mais máquinas de costura, viabilizando o início da produção de colchas, edredons, bolsas e coletes. A produção era toda feita por mulheres.

Lembra que Furnas havia cedido terras para plantio? Isso aconteceu em Itumbiara, Goiás, onde o comitê local plantou 91 hectares de arroz, feijão, milho e hortaliças, com apoio da Empresa de Assistência Técnica e (Extensão Rural Emater).

Resgate das tradições e empoderamento: em Fortaleza, as bordadeiras do labirinto formaram uma cooperativa e ganharam visibilidade.
FOTO: ACERVO AÇÃO DA CIDADANIA

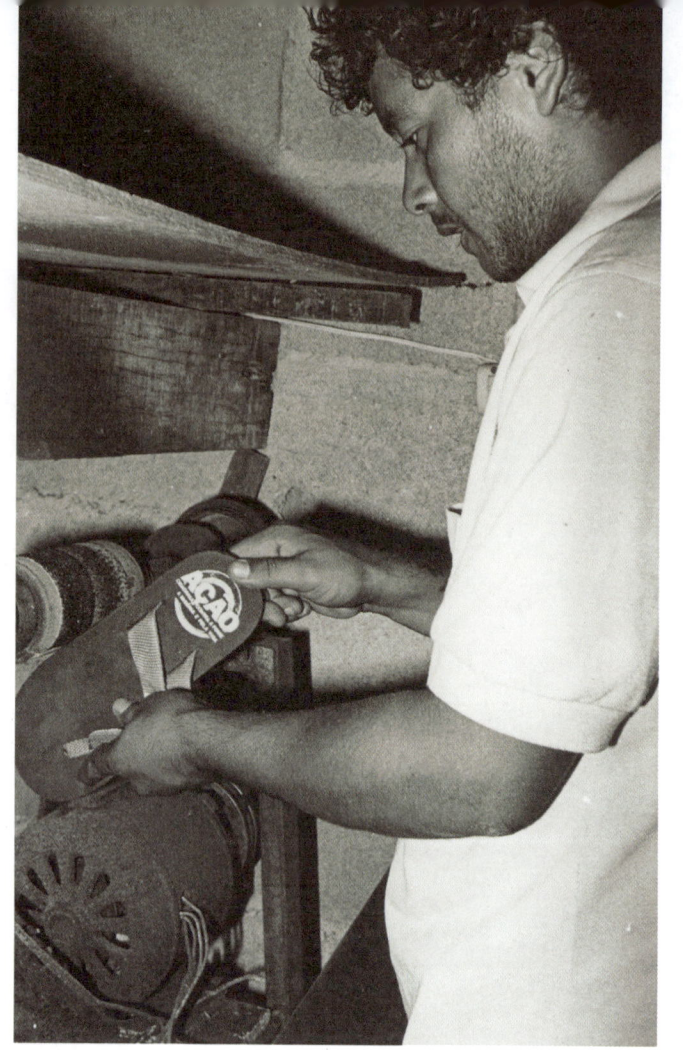

A maior parte da produção era doada para creches e entidades de assistência às crianças ligadas às igrejas, e para mais 800 famílias cadastradas. O restante era vendido a preços reduzidos para financiar parte dos custos e da mão de obra. A iniciativa gerou empregos para 70 jovens de 14 a 21 anos. Esse mesmo comitê criou mais 12 empregos fixos, ligados à pasteurização do leite e à reciclagem de papel, com ajuda da Faculdade de Agronomia Soma Fesit. Ou seja, a ideia já estava sendo posta em prática, era só estimular a população.

Na periferia de Fortaleza surgiu uma padaria comunitária, com apoio dos funcionários do Banco do Brasil. Mais de 25 postos de trabalho, em três turnos, e a perspectiva de profissionalização para outros tantos. Sem contar que a comunidade passou a comprar o pãozinho de cada dia 20% mais barato. No Ceará, o comitê dos funcionários do Banco do Nordeste incentivou as bordadeiras do "labirinto" — técnica centenária de bordado passada de mães para filhas — a se reunirem em cooperativa, eliminando o intermediário (que ficava com a maior parte do dinheiro) e vendendo diretamente para o Polo Artesanal do Fortim. Mais do que renda, a iniciativa gerou autonomia e visibilidade para as tradições locais, além de empoderamento para mulheres.

A Canal Imaginário, produtora que nasceu de um projeto de audiovisual no Ibase, realizou mais de 70 pequenos documentários registrando, por todo

Fábricas de chinelos, cooperativa de costureiras, padarias comunitárias. Por todo o país surgiram iniciativas de emprego e renda.
FOTOS: MARCELO OLIVEIRA

o Brasil, várias dessas iniciativas que ajudaram a tirar milhares de brasileiros da miséria. Os "Programas de 3 minutos" foram exibidos em todas as emissoras de TV. A TVE fez mais do que isso. Abriu espaço para o Canal da Ação da Cidadania, programa em que Betinho entrevistava, semanalmente, artistas, participantes de comitês, entre outros.

Enquanto a sociedade cuidava — e muito bem — das ações emergenciais, as políticas públicas de combate à fome continuavam a progredir.

Durante todo o ano de 1994 aconteceram encontros regionais e municipais, culminando, em julho, na Primeira Conferência Nacional de Segurança Alimentar. Mais de dois mil delegados, convidados e observadores passaram quatro dias debatendo propostas de mobilização e mecanismos para acabar com a fome e o desemprego. A democracia estava efetivamente sendo posta em prática, com a participação da sociedade civil no desenho das políticas de governo. No final do encontro foi apresentada a Declaração em Defesa de uma Política Nacional de Segurança Alimentar.

Se houvesse redes sociais naquela época, Betinho seria um dos seus maiores influenciadores. Tudo que ele colocava a mão, virava notícia. Bom comunicador como poucos, ele não perdia uma chance. Foi assim quando foi convidado para visitar os jogadores da seleção brasileira em Teresópolis, na concentração para a Copa do Mundo de 1994. Ele queria algo para marcar o momento, alguma coisa que criasse um fato. Não havia tempo para nada elaborado, então decidiu-se por dar uma fita verde a cada jogador, na mesma pegada simbólica da fitinha do Senhor do Bonfim.

Toda a comissão técnica e os jogadores aderiram. A cada gol ou vitória os jogadores erguiam o braço e exibiam a fita para as câmeras, tornando-se um verdadeiro amuleto da sorte para os jogadores, que a usaram até o final da Copa, quando o Brasil foi tetracampeão. Os jogadores doaram um carro para a Ação da Cidadania que, é claro, foi vendido e transformado em alimentos.

Também seria preciso criar fatos para agitar a segunda edição do Natal sem Fome. Betinho se inspirou em uma ação social implementada nos

A democracia estava efetivamente sendo posta em prática, com a participação da sociedade civil no desenho das políticas de governo

Estados Unidos e foi conversar com os jornais e supermercados. No dia 3 de dezembro de 1994, "O Globo", "O Dia", "Jornal do Brasil" e "Folha de São Paulo" encartaram, em sua edição de domingo, uma sacola plástica com a logomarca da Ação. A tiragem somava 750 mil exemplares, ou seja, 750 mil sacolas de potenciais donativos. Para receber toda essa solidariedade havia 200 lojas de 17 redes de supermercado preparadas. Para explicar ao público o que fazer, a TV exibiu um anúncio que mostrava um saco de mercado voando vazio pelas ruas, à procura de um voluntário que o tornasse útil, ou seja, que o enchesse de comida para contribuir com o fim da fome.

Os postos Ipiranga criaram o adesivo "Eu estou fazendo a minha parte", vendido a R$ 1,00. A Band organizou o Show da Vida e, de novo, as maiores estrelas, como Chico Buarque e Milton Nascimento, estiveram presentes. Tom Jobim estava confirmado, mas faleceu 5 dias antes do show. Só esse espetáculo arrecadou cerca de 100 toneladas de alimentos. Ainda com toda essa participação, a arrecadação estava longe de ser alcançada no início de dezembro. A Ação da Cidadania convocou os supermercados a fazerem doações, em vez de só participarem como pontos de arrecadação. Infelizmente a resposta foi frustrante. Das 17 redes presentes no estado do Rio, só Sendas e Carrefour participaram, uma enviando 26 e a outra, sete toneladas. Os comitês iam para as portas dos supermercados estimular a doação direta do cidadão.

A ideia de realizar vigílias de arrecadação em praças de grande movimento deu muito certo e elas aconteceram em todo o país, com uma mobilização impressionante. Milhares de pessoas iam doar e se voluntariar na organização. A vigília na Cinelândia, no Rio de Janeiro, conseguiu arrecadar 250 toneladas. Empresários descarregavam caminhonetes e caminhões em frente à Câmara dos Vereadores, ocupada pelos comitês. No exterior, a campanha continuava ativa. O comitê de Londres, criado em 1994, arrecadou, no seu primeiro Natal sem Fome, US$ 2 mil e 20 caixas de roupas.

Maurício passava os dias na Conab, organizando o trabalho de preparação das cestas pelos voluntários. Preocupado em não conseguir ultrapassar a marca de 1993, foi falar com o empresariado. Conseguiu 500 cestas básicas com a Pepsi, a Pizza Hut contribuiu com três toneladas de trigo e a Petrobras disponibilizou dez caminhões para a distribuição dos alimentos pelo estado. No dia 19 de dezembro a Bolsa de Gêneros Alimentícios contribuiu com 252 toneladas.

Dias antes do Natal, 34 cabos e marinheiros se juntaram aos 150 voluntários que já trabalhavam na separação de 370 toneladas de alimentos. Cada cesta tinha 12 quilos de alimentos. Com 4.450 cestas prontas, a comunidade chinesa do Rio de Janeiro chegou, na última hora, com 660 cestas já ensacadas, passando a meta de 5.000 cestas no Rio. Esse esforço foi feito em todos os estados do Brasil, sem qualquer interferência ou ajuda do governo. Era a mais pura ação da sociedade.

ESTOU
FAZENDO
A
MINHA
PARTE

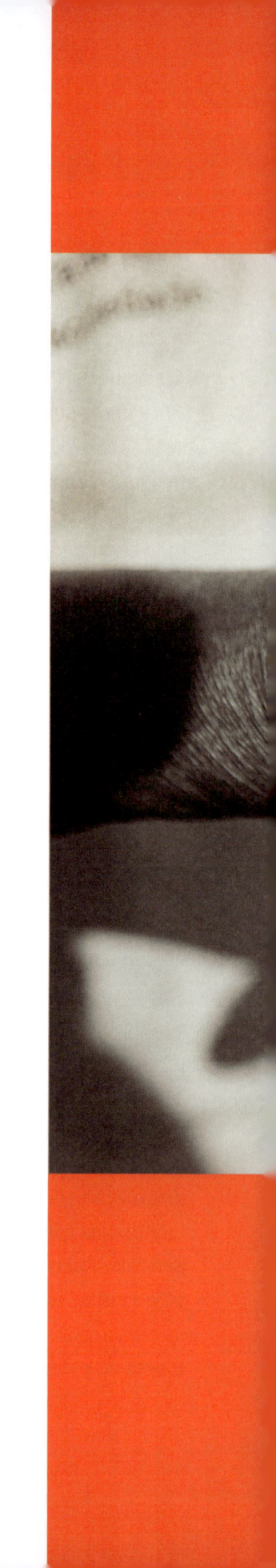

05

A dificuldade do acesso à terra não impediu a Ação de seguir em frente com a sua luta

FOTO ZÔ GUIMARÃES

A Ação da Cidadania crescia sem parar. Não era possível saber ao certo quanto se arrecadava, nem quantos empregos estavam sendo criados. Estimava-se que havia cerca de 5.000 comitês no Brasil em 1995, mas pelas características de autonomia e descentralização, nunca saberemos a quantidade exata. O sucesso do Natal sem Fome e as imagens que ele produzia, com toneladas de alimentos e centenas de voluntários, só fazia o movimento aumentar. O cantor Rod Stewart que visitou o Brasil na ocasião, se encantou com a campanha e gravou um filme, rapidamente veiculado pelas TVs.

Nessa época o Comitê Ideias produziu uma sequência de pequenos filmes, contando parábolas que espalhavam os valores da cidadania. Caetano Veloso, Gilberto Gil, Chico Buarque, Tom Jobim e o próprio Betinho foram os protagonistas dessas cinco histórias. A parábola do beija-flor, contada por Betinho, até hoje está no imaginário do povo brasileiro, mesmo entre os jovens que não viveram esses dias e jamais assistiram ao filme. Todos conhecem, hoje, a história do beija-flor que tentava apagar o incêndio na mata e, interpelado pelo leão argumentando que não podia vencer o fogo sozinho, responde: "Eu estou apenas fazendo a minha parte". Todas as emissoras de TV incluíram essas parábolas em sua programação.

A democratização da terra foi o tema escolhido para o terceiro ano

APONTE O CELULAR
E VEJA O VÍDEO EM:

https://bit.ly/448WYxs

Acesso à terra: a sociedade mostra os limites da democracia.
FOTO: ACERVO AÇÃO DA CIDADANIA

da campanha. Foi criado um manifesto, a "Carta da Terra", que falava da relação entre a terra, a fome e a miséria, e começou a coleta de assinaturas. "As migrações, a violência, a fome e a indigência, podem ser consideradas resultados do mau uso da terra", argumentava Betinho. A "Carta da Terra" foi impressa em forma de cartão postal para que as pessoas assinassem e enviassem pelo correio para a Presidência da República. Era o jeito da época de subir uma *hashtag* para pressionar o governo a debater ou se posicionar sobre o tema.

Betinho foi à posse de Fernando Henrique Cardoso, quando entregou o manifesto da Carta da Terra, com muitas assinaturas. O novo presidente queria avançar nas questões sociais, mas o social-democrata não iria tão fundo. Ele lançou o Programa Comunidade Solidária, ligado à Casa Civil e presidido pela primeira-dama, Ruth Cardoso, antropóloga e reconhecida educadora. O Comunidade Solidária substituiu a Legião Brasileira de Assistência (LBA), desgastada pelas denúncias de corrupção no período em que Rosane Collor esteve à frente da instituição. O programa fez um bom investimento no setor social, tendo, inclusive, criado o Bolsa Família.

> **AS MIGRAÇÕES, A VIOLÊNCIA, A FOME E A INDIGÊNCIA, PODEM SER CONSIDERADAS RESULTADOS DO MAU USO DA TERRA."**
>
> _Betinho

Nem toda essa proximidade com a Presidência e com as atividades tocadas pela primeira-dama, nem toda a mobilização da Ação da Cidadania foi capaz de quebrar o tabu da terra. A história da terra no Brasil sempre foi mais de morte do que de vida, mais de privilégio do que de oportunidade, mais de violência do que de paz. Para a Ação da Cidadania, o tema trouxe o silêncio. Pela primeira vez um filme produzido pela campanha não foi veiculado, permanecendo inédito até hoje. Naqueles anos quem decidia o que a gente via na TV eram as emissoras. Não dava pra viralizar o filme nas redes sociais. A Ação da Cidadania tinha esbarrado no seu limite.

A cerca que guarda a terra estava lá, rígida e intransigente, protegendo seus proprietários. A reforma agrária não era um assunto que a imprensa quisesse debater. Ainda assim, hoje é possível afirmar que a campanha estimulou uma consciência maior sobre o problema. Em 1997 a reforma agrária contava com o apoio de 80% da população.

Com terra ou sem terra, os comitês voavam sozinhos, realizando todo tipo de atividade. A arrecadação do Natal sem Fome de 1995 consolidou a Ação da Cidadania como a maior campanha de solidariedade do país. Foram doadas e distribuídas cerca de 1.250 toneladas de alimentos.

No carnaval de 1996 o G.R.E.S. Império Serrano homenageou Betinho e a Ação da Cidadania no seu enredo "Verás que um filho teu não foge à luta". O sociólogo foi à escola conhecer a proposta, o samba, a diretoria e toda a comunidade que estava querendo lhe homenagear. Aceitou, desde que o enredo focasse no seu trabalho. Daniel Souza, filho mais velho de Betinho e atual presidente do Conselho da Ação da Cidadania, saiu na bateria, tocando tamborim. Foi organizada uma ala dos "amigos do Betinho", que usou a fantasia de Bujica (um menino boneco criado pelo artista Milton Nisti, representando os meninos em situação de rua). A ala era formada por colaboradores do Ibase, parceiros, intelectuais e artistas. Betinho veio no último carro, e até a última hora não se sabia se ele conseguiria participar do desfile. Sua saúde já estava bastante fragilizada por consequências do contágio pelo HIV, mas ele era danado e não ia perder aquela festa por nada. Guardou as energias na semana anterior, se fortaleceu e entrou, bem magrinho, na Passarela do Samba. Falou com todo mundo na avenida, subiu no carro e sorriu do início ao fim. Com um samba belíssimo e empolgante, e uma letra poética e forte a escola levou a plateia às lágrimas. Não venceu o carnaval, mas foi lindo ver a democracia na boca do povo. E a homenagem foi mais do que merecida.

E verás que um filho teu não foge à luta

Samba-Enredo Império Serrano – 1996
COMPOSITORES: ALUÍSIO MACHADO / ARLINDO CRUZ / BETO PERNARDA / ÍNDIO DO IMPÉRIO / LULA

APONTE O CELULAR E VEJA O VÍDEO EM:
https://bit.ly/3Oydth0

Mesmo com a saúde muito frágil, Betinho entrou na avenida e se emocionou do início ao fim do desfile.
FOTO: DOMINGOS PEIXOTO / WIKIMEDIA

O povo diz amém
É porque tem
Um ser de luz a iluminar
O moderno Dom Quixote
Com mente forte vem nos guiar
Um filho do verde esperança
Não foge à luta, vem lutar
Então verás um dia
O cidadão e a real cidadania

Quero ter a minha terra, ô ô ô
Meu pedacinho de chão, meu quinhão
Isso nunca foi segredo
Quem é pobre tá com fome
Quem é rico tá com medo

Vou dizer
Quem tem muito, quer ter mais
Tanto faz se estragar
Joga no lixo, tem bugiga p'ra catar
Senhor, despertai a consciência
É preciso igualdade
O ser humano tem que ter dignidade
Morte em vida, triste sina

Pra gente chega de viver a Severina
Junte um sorriso meu, um abraço teu
Vamos temperar
Uma porção de fé, sei que vai dar pé
Não vai desandar
Amasse o que é ruim, e a massa enfim
Vai se libertar
Sirva um prato cheio de amor
Pro Brasil se alimentar

Eu me embalei p'ra te embalar
No balancê, balancear
Vem na folia
Chegou a hora de mudar
O meu Império vem cobrar democracia

SEMENTES DE TRANSFORMAÇÃO

As doações para a Ação da Cidadania começaram a diminuir, especialmente por parte das empresas, que passaram a encaminhar seus donativos para o Comunidade Solidária. Além disso, mexer com a terra gerou algum burburinho na imprensa, mas não teve a aderência dos anos anteriores. Alguns poucos donos de propriedades improdutivas tomaram a iniciativa, não de redistribuir a terra, mas de torná-las produtivas, gerando empregos e alimentos. O Coep estimulou o desenvolvimento de ações em todas as terras desocupadas de suas empresas. Surgiam hortas em terrenos baldios em toda parte. Betinho, apesar da saúde cada vez mais precária, se mantinha presente na mídia, questionando e cobrando o governo.

A fome e a distribuição de alimentos continuavam na raiz do movimento, mas a geração de emprego e renda havia se tornado uma potência nos comitês. Muitas pessoas voltaram a estudar ou transformaram suas vidas a partir da participação na campanha. Esses relatos chegavam o tempo todo. Outro legado importante da Ação da Cidadania é a grande quantidade de ONGs e pequenas empresas que surgiram a partir da reunião de pessoas para formar um comitê. São exemplos o Viva Rio, o CDI (hoje Recode), o Projeto Renascer (hoje Instituto Dara), entre muitos outros.

A Ação da Cidadania estava fazendo muito mais do que tentar acabar com a fome no país. O movimento despertou um cidadão que estava adormecido em uma quantidade enorme de brasileiros. Politicamente, a população voltava a engatinhar, e temas como ética e direitos humanos estavam fortemente em pauta. Esse também foi ano de eleições municipais e a Ação da Cidadania investiu em uma cartilha para estimular o voto consciente.

Quando o Rio de Janeiro se candidatou a cidade sede das Olimpíadas, em 1996, Betinho percebeu que o evento era

Além de liderar o Comitê Rio, Maurício Andrade passou a coordenar o Natal sem Fome, também a nível nacional.
FOTO: ACERVO AÇÃO DA CIDADANIA

uma oportunidade para criar compromissos sociais. Assim o Ibase criou a Agenda Social, que apontava o legado que o evento deveria deixar para a sociedade, caso a cidade vencesse. As cinco metas eram: crianças bem alimentadas; educação de qualidade; ninguém morando nas ruas; favelas urbanizadas; e esporte e cidadania jogando juntas no mesmo time. A Agenda Social despertou o interesse do Comitê Olímpico Internacional, mas o projeto nem passou da fase preliminar. Mesmo assim, o Comitê Rio 2004, aderiu ao Natal sem Fome e foi de grande ajuda.

A arrecadação estava em 10 mil cestas a apenas três semanas do encerramento da campanha. Foi criado um adesivo dizendo "Eu Ajudo!", que era vendido a R$ 7,00 (o preço da cesta básica na época), nos shoppings e nas bancas de jornal. Só no primeiro dia foi arrecadado o suficiente para comprar 16.294 cestas. Faltando três dias para finalizar o Natal sem Fome, o coordenador da chefe do comitê, o empresário Ronaldo Cezar Coelho conseguiu o apoio dos empresários e a meta de alimentar 110 mil famílias foi alcançada. Também foram doados 100 mil litros de leite e 20 mil latas de óleo.

NOVOS DESAFIOS

06

Em todo o Brasil, o movimento seguia em busca de um futuro sem fome

FOTO: LÍVIO CAMPOS

No sítio em Itatiaia, junto da natureza e do cachorro "Zico", Betinho recuperava suas energias.
FOTOS: ARQUIVO PESSOAL DE MARIA NAKANO

O ano de 1997 chegou intenso e repleto de grandes desafios. As já conhecidas chuvas de verão atingiram fortemente Minas Gerais e o Rio de Janeiro, deixando milhares de desabrigados. Imediatamente começou a mobilização no Comitê Rio, sob a liderança de Maurício Andrade. Os comitês, que tinham acabado de fazer o Natal sem Fome, já estavam a postos para ajudar quem mais precisasse. Essa rede de solidariedade, já consolidada e experiente, foi capaz de se articular rapidamente e enviar 55 toneladas de alimentos para as regiões afetadas. Foi disponibilizado um número para receber doações de R$ 5,00. A Caixa ativou uma conta para arrecadar valores mais significativos e as agências passaram a receber, também, agasalhos, colchões, remédios etc.

Conforme o tempo ia passando, a fragilidade da saúde de Betinho ia ficando mais evidente, ainda que ele nutrisse uma esperança secreta de que a cura para a Aids chegasse, mesmo que aos 45 minutos do segundo tempo. Foi assim com a tuberculose que teve na juventude, por que não seria agora? Ele tinha uma relação íntima com a morte, sua companheira durante toda a vida. A hemofilia dificulta ou impede a coagulação do sangue, então qualquer joelho ralado, qualquer corte no pé era um risco de vida.

Nessa época os remédios para a Aids tinham tantos efeitos colaterais que nem sempre faziam bem ao paciente. Betinho era forte, mas desde 1994 uma Hepatite C vinha consumindo sua resistência. Quando se sentia mais frágil se recolhia em seu sítio em Itatiaia. Lá ele ficava feliz e em paz com sua companheira, Maria, o filho caçula, Henrique, e o cachorro, Zico. Ouvia música, tomava cerveja, comia bem e apreciava aquele pedacinho de paraíso, de onde voltava, cheio de energia.

Desde maio essas retiradas para Itatiaia começaram a ficar mais prolongadas. Ele seguia trabalhando como se fosse eterno. Seus projetos, o contato com as pessoas, a troca de ideias eram como uma carga extra de saúde e energia. Quanto mais ideias novas em ação, melhor ele se sentia.

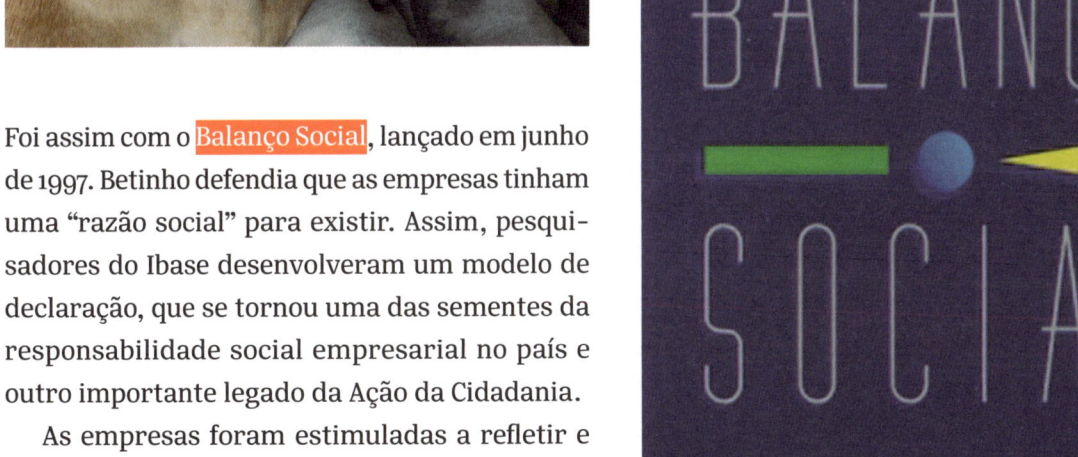

Foi assim com o Balanço Social, lançado em junho de 1997. Betinho defendia que as empresas tinham uma "razão social" para existir. Assim, pesquisadores do Ibase desenvolveram um modelo de declaração, que se tornou uma das sementes da responsabilidade social empresarial no país e outro importante legado da Ação da Cidadania.

As empresas foram estimuladas a refletir e declarar, por exemplo, suas ações sociais, as faixas salariais, o perfil de liderança, o investimento em treinamento para os funcionários, entre outras. A Comissão de Valores Mobiliários (CVM) logo apoiou a ideia e divulgou uma instrução, recomendando que as empresas integrantes da Bolsa de Valores apresentassem seus balanços sociais. Essa pequena semente se desdobrou em novos modelos de relatórios, mais complexos e sofisticados. Apresentar ao público e aos acionistas o que a empresa realiza como função social passou a ser um ponto crucial para a reputação e o consequente valor das ações.

ADEUS A BETINHO

Em 9 de agosto de 1997, um domingo, Dia dos Pais, Betinho deixou a herança da Ação da Cidadania para nós, brasileiros. Ele sempre dizia: "Eu quero morrer em casa, como se morria antigamente". Seu desejo foi realizado. Depois de 27 dias internado no Hospital da Beneficência Portuguesa, foi para casa. Três dias depois ele se foi, sem sofrimento e em paz, cercado do amor e do carinho da família e de amigos mais íntimos, ouvindo Vivaldi. As TVs acompanhavam seu estado de saúde e um plantão interrompeu a programação para dar a notícia. Imediatamente a porta do edifício onde morava, em Botafogo, foi se enchendo de amigos e admiradores. Havia rezas, flores, velas e todos queriam estar com ele mais uma vez.

De casa, o corpo de Betinho foi levado para o velório, na Assembleia Legislativa do Rio de Janeiro. Durante horas artistas, políticos, amigos, integrantes de comitês, donas de casa, trabalhadores, empresários e funcionários de empresas, devotos de diversas religiões e ideologias fizeram fila para se despedir. No dia seguinte, seu corpo foi cremado e suas cinzas espalhadas pela família e por um pequeno grupo de amigos no sítio em Itatiaia.

O Comitê Rio organizou, no Centro Cultural do Banco do Brasil, uma homenagem com a presença de representantes da Ação da Cidadania de 27 estados. Foi montada uma exposição, resumindo o legado gigantesco que Betinho estava deixando: uma semente germinada, que agora seria regada e cuidada pelo exército de "beija-flores" que ele criou. Um banner enorme com

APONTE O CELULAR
E VEJA O VÍDEO EM:
https://bit.ly/3QBGMSs

Betinho no meio das cestas básicas dava o recado: "Agora é com vocês!" Por todo o Brasil um sem-número de homenagens lembravam o homem que ajudou a criar uma sociedade mais desperta, com voz e poder de ação.

Por todo o Brasil as comunidades ficaram de luto. Os comitês penduraram panos pretos em suas sedes e todas as atividades da Ação da Cidadania foram suspensas. Só que uma das maiores sabedorias de Betinho foi jamais concentrar em suas mãos a engenharia do movimento. Assim, outros "Betinhos" estavam dispostos a continuar a luta por uma sociedade mais justa. Um desses homens foi Maurício Andrade.

AGORA É COM VOCÊS

Maurício sabia que o Natal sem Fome de 1997 seria diferente, o primeiro sem o impulsionamento de Betinho. Mesmo com todos os produtos da cesta básica sendo arrecadados, ele decidiu focar no alimento mais importante do cardápio do brasileiro: o feijão. A meta, ousada, era arrecadar 100 mil cestas

Comitês de todo o Brasil se reuniram no Centro Cultural Banco do Brasil, no Rio, para homenagear Betinho. FOTO: ACERVO AÇÃO DA CIDADANIA

> **"O SONHO DO BETINHO NÃO MORREU, E EU APRENDI COM ELE A NÃO TER MEDO."**
>
> **_Maurício Andrade**, coordenador do Comitê Rio

As vigílias potencializavam as doações e enchiam os armazéns da Conab de alimentos.
FOTOS: LÍVIO CAMPOS

> Não existia – e até hoje ainda não existe – uma rede com tamanha capilaridade e capacidade de mobilização como a Ação da Cidadania

básicas, 20 mil a mais do que no ano anterior. A campanha Feijão Amigo começou no dia 16 de outubro, Dia Mundial da Alimentação. O caminhão Feijão Cidadão circulava pela cidade do Rio recolhendo alimentos.

Foram organizadas festas e uma vigília de 48 horas na Cinelândia, onde um painel expunha o nome das empresas e suas contribuições. Os artistas se revezavam para participar das atividades. Nos galpões, sob o forte calor do verão, um exército de voluntários trabalhava como formiguinhas, com grande alegria. Muitas vezes quem ia pegar uma cesta básica para sua família se juntava ao grupo e passava dias no voluntariado. O brasileiro tinha aprendido que a força do conjunto é capaz de transformar a sociedade.

FOTO: ACERVO AÇÃO DA CIDADANIA

Com a meta batida no primeiro Natal sem Fome sem Betinho, Maurício Andrade e os comitês sentiram que era possível levar adiante as experiências dos anos anteriores e, ainda, criar coisas novas. As chuvas de verão vieram fortes novamente, atingindo a cidade de Macaé e região. Rapidamente a mobilização voltou aos armazéns e duas toneladas de alimentos foram enviadas. Não existia — e até hoje ainda não existe — uma rede com tamanha capilaridade e capacidade de mobilização como a Ação da Cidadania.

A seca também castigou os brasileiros nesse ano, intensificando a fome na região. As dimensões calamitosas da situação e a ineficácia das ações governamentais levaram o Comitê Rio a priorizar o atendimento aos flagelados, promovendo mais uma arrecadação com pessoas e empresas, e fazendo as doações chegarem até as regiões atingidas. Era cada um fazendo a sua parte e atendendo ao último pedido de Betinho: "Agora é com vocês".

Assim como Betinho fazia, Maurício ouvia as demandas da sociedade e, ao tomar conhecimento de uma pesquisa com índices alarmantes de evasão escolar no estado do Rio (66%), criou o Grupo de Creches. Reuniu os 183 comitês de 13 municípios que trabalhavam com essa questão e decidiu dar um apoio mais intenso. Ao longo dos anos foram feitas diversas parcerias para promover formação para a melhoria dos atendimentos. O Grupo de Creches existe até hoje e é um dos mais ativos e organizados do Comitê Rio.

CONSCIÊNCIA CIDADÃ

07

Representantes de todos os estados brasileiros discutiram o futuro da Ação e do Brasil

Lembra que Betinho defendia que os governos precisavam ser "empurrados" pela sociedade? Para que essas mudanças aconteçam, através de políticas públicas, precisamos de representantes comprometidos com as propostas da comunidade. Como 1998 era ano de eleições, muito do esforço do movimento foi concentrado no debate sobre quais eram as questões fundamentais para os brasileiros. O Fórum Nacional da Ação da Cidadania reuniu, no Rio, 23 coordenadores dos comitês estaduais que tiraram um documento para levar aos candidatos. Os principais temas foram a seca e o agravamento da miséria e da exclusão.

O documento acusava a ausência de políticas sociais para erradicar a seca no Nordeste e sugeria a adoção de políticas bem definidas e voltadas para as reais necessidades da população: Banco do Povo, Programa de Renda Mínima, Reforma Agrária e ampliação do Seguro Desemprego. A Cartilha Voto Cidadão foi ampliada em seu conteúdo, incluindo as atribuições de cada cargo, e distribuída por todo o país, através das coordenações estaduais. Essa tiragem superou os 350 mil exemplares distribuídos na primeira edição.

Voto consciente: a aposta da Ação para transformar cada cidadão em um agente de transformação social.
FOTOS: LÍVIO CAMPOS

Localmente, foram realizadas Oficinas de Cidadania Ativa, com a participação de 35 coordenadores de comitês do Rio de Janeiro. Eles aprenderam a identificar formas de participação social e debateram a importância e o papel do voto. Começava, portanto, um período de amadurecimento político que incluía transformar esses voluntários em agentes promotores e multiplicadores de cidadania. A 6ª Vigília por um Natal sem Fome foi realizada no Largo da Carioca, no Centro do Rio. Maurício gostava de estar na rua, em contato com as pessoas, e transformou a arrecadação em um sucesso.

CULTURA, EDUCAÇÃO E FUTURO

O ano de 1999 trouxe um projeto que marcaria para sempre a história do Comitê Rio. Uma casa em Santa Teresa foi reformada e transformada no Espaço de Construção da Cultura, um local de combate à exclusão social, focado em jovens e adolescentes de baixa renda. O domínio do tráfico de drogas nos territórios se alastrava em todas as comunidades da cidade. O espaço era muito próximo de várias áreas dominadas e uma boa oportunidade de realizar um

A contagiante energia de Maurício Andrade na captação e distribuição de doações. FOTO: LÍVIO CAMPOS

A "Casa de Santa Teresa" foi totalmente reformada para oferecer atividades culturais para crianças e jovens sem oportunidades.
FOTOS: LÍVIO CAMPOS

projeto educativo. O imóvel foi cedido em comodato por 11 anos. A Caixa firmou um convênio com o Comitê Rio para as reformas, posteriormente complementadas com recursos do Fundo para a Infância e Adolescência.

Com a casa pronta, era chegada a hora de atrair as crianças e jovens da comunidade. Andréa Paixão, que foi coordenadora do espaço, era moradora antiga do bairro e foi fazer visitas nas comunidades. Nos morros da Coroa e Fallet foi recebida por metralhadoras para depois ser escoltada por estar oferecendo um pouco de esperança. No Morro dos Prazeres, o mestre de capoeira Duda Fonseca abriu as portas para a "Casa de Santa Teresa". As escolas também receberam folhetos com informações sobre as atividades realizadas no Espaço, que chegou a ter 400 alunos, entre crianças, jovens e adultos.

Havia aulas de dança, de reciclagem de papel, circo, capoeira, teatro, jongo, dança de salão e biodança. Para que tudo isso acontecesse, foi fundamental o apoio da Texaco (atual Chevron), já que os recursos do Comitê Rio só davam para pagar as contas de água e luz. A empresa, que se aproximou para contribuir com o Natal sem Fome, se encantou com o projeto. A Texaco apoiou o "Recicle uma Vida", iniciativa que recolhia cartuchos usados para revenda à indústria, e que ajudava a manter o Espaço de Construção de Cultura. Obviamente o dinheiro arrecadado era insuficiente, então a Texaco fez uma doação capaz de manter as oficinas por dois anos.

Outra iniciativa inovadora foi o Click Fome, que ajudou a manter a Ação da Cidadania nesse período. Funcionava assim: a pessoa clicava no site e as empresas patrocinadoras faziam a doação. O Shopping Nova América foi o primeiro a aderir. Logo vieram Petrobras, Fininvest, Rio Sul Linhas Aéreas, Enron, Imaginarium, entre muitas outras. Cada empresa contribuía com o que podia e a iniciativa chegou a ter 23 mil doações de R$ 0,05 por dia. Um dia a Ford procurou a Ação da Cidadania: doou uma caminhonete que durante anos ajudou a distribuir solidariedade.

O Espaço de Construção da Cultura estava viabilizado. O Click Fome ganhou o prêmio iBest por quatro anos (2000, 2001, 2002 e 2003), disputando com iniciativas de grande renome e credibilidade como Associação de Pais e Amigos Excepcionais (Apae) e Criança Esperança. Enquanto o Click Fome esteve ativo, 50 mil pessoas foram beneficiadas com cestas básicas no Natal sem Fome, mais de 100 crianças receberam um salário-mínimo como bolsa escolar por um ano e 25 jovens cursaram o supletivo 2º Grau na Escola de Cidadania. Isso sem contar com as mais de 300 crianças e jovens em situação de risco social das comunidades de Santa Teresa que participaram de diversas oficinas artísticas.

O Click Fome ganhou o Prêmio iBest por quatro anos seguidos.
FOTO: ACERVO AÇÃO DA CIDADANIA

BRASIL SÃO OUTROS 500

08

Depois de reformado, o Armazém Docas Pedro II seria o palco de todos os sonhos do Comitê Rio

Tomando conta da futura sede: os comitês fizeram uma lavagem no Armazém antes de iniciarem as obras.
FOTO: LÍVIO CAMPOS

Nesse mesmo 1999, Daniel Souza, filho mais velho de Betinho e atual presidente do Conselho da Ação da Cidadania, procurou Maurício com um projeto ousado: produzir um CD em comemoração aos 500 anos do Brasil. A ideia foi de José Gonzaga, antigo parceiro do Comitê Cultura e do Fome de Bola. O "Brasil são Outros 500" reuniu os maiores atores e cantores brasileiros, formando duplas inéditas e inusitadas, como Chico Buarque e Fernanda Montenegro, Carlinhos Brown e Xuxa, Gabriel, o Pensador e Moreira da Silva, só para citar alguns entre os 40 participantes.

Depois de um ano de intenso trabalho, o CD foi lançado no dia do aniversário de Betinho, 3 de novembro, no Metropolitan (atual *QualiStage*) lotado, para uma plateia de 8.500 lugares. Maitê Proença e Tony Ramos foram os mestres de cerimônia. O magnífico "Tambores de Minas", de Milton Nascimento, tornou a noite inesquecível. Cada CD garantiu a compra de uma cesta básica do Natal sem Fome daquele ano de 2000. No total foram distribuídas 35 mil cestas básicas a cerca de 240 comitês com a venda dos CDs.

> Era a hora de encontrar um lugar permanente, onde coubesse os planos que Maurício tinha para o futuro: atividades culturais e de capacitação

UM ARMAZÉM CHEIO DE SONHOS

Ainda em 1999, um problema acabou abrindo um mundo de oportunidades. O prédio do Banco do Brasil onde o Comitê Rio funcionava seria vendido. Era preciso encontrar um novo endereço e a "Casa de Santa Teresa" era pequena e de difícil acesso para a maioria dos comitês. Era a hora de encontrar um lugar permanente, onde coubesse os planos que Maurício tinha para o futuro: atividades culturais e de capacitação.

Havia um antigo armazém desocupado com 11.600m², localizado na rua Barão de Tefé, 75, na Zona Portuária do Rio, bastante destruído. O telhado estava todo comprometido e ameaçava desabar. Foi um longo caminho desde descobrir a quem pertencia o imóvel, vencer a burocracia e conseguir, através de um termo de cessão do Gabinete da Casa Civil da Presidência da República e da Secretaria de Patrimônio da União, o direito a ocupar o imóvel. O termo foi assinado no último dia de 2000.

Como tudo na Ação da Cidadania, a reforma também era um projeto de proporções gigantescas. Era preciso um grande investimento para tornar o lugar seguro e adequado para receber os projetos que começavam a ser sonhados. A Petrobras doou R$ 4 milhões para as obras, e o arquiteto Hélio Pelegrino Filho e sua equipe transformaram, voluntariamente, o antigo armazém de grãos em um espaço charmoso, com mosaicos e tijolos aparentes, que hoje encanta quem visita o Porto do Rio. Nesse local tudo poderia ser feito: escola de cidadania, espaço cultural, plenárias com os comitês, havia espaço suficiente para sonhar todas as ideias. Inclusive para dar forma e visibilidade ao trabalho desenvolvido em Santa Teresa.

André Luiz Câmara, que hoje é diretor de novelas na Rede Globo, tinha chegado ao Rio no fim de 1993, em pleno impacto da chacina de Vigário

Geral. Em Recife, ele havia trabalhado com adolescentes infratores e percebeu que o teatro era um instrumento poderoso para transformar a vida de jovens sem perspectiva. Em poucos meses dando aulas de teatro no Espaço de Construção da Cultura, os talentos começaram a aparecer. Ele propôs montar um espetáculo reunindo todos os saberes aprendidos nas diversas oficinas e ofereceu a adaptação do livro "Tilico no Meio da Rua", de Rubem Rocha Filho.

A primeira montagem de "Menino no Meio da Rua" foi apresentada por dois meses ao público no próprio Espaço de Construção de Cultura. A Petrobras gostou tanto que ofereceu um patrocínio da Petroquisa para que o musical fosse montado em um grande teatro da cidade. Mesmo em obras, uma área do armazém foi reservada para os ensaios.

O premiado "Menino no Meio da Rua" foi o resultado das oficinas realizadas no Espaço de Construção da Cultura e revelou muitos talentos. FOTOS: LÍVIO CAMPOS

APONTE O CELULAR E VEJA O VÍDEO EM:
https://bit.ly/3OtdNNR

APONTE O CELULAR E VEJA O VÍDEO EM:
https://bit.ly/3OtFBBS

Uma equipe talentosa foi contratada para preparar o elenco, que recebeu um reforço de oito jovens atores vindos de projetos semelhantes em Vigário Geral, Mangueira e Maré. Douglas Silva, o inesquecível Dadinho de "Cidade de Deus", era um deles.

No dia 19 de junho de 2002, no entorno do Teatro João Caetano, no Centro do Rio, crianças e jovens vendiam balas e pediam trocados ao público que aguardava a abertura das portas. Quando as cortinas se abriram, a plateia reconheceu aqueles "meninos de rua" que, há pouco, os haviam abordado. A peça conta a história de Tilico, que é explorado pelo tio no trabalho de catador de lixo, e sua saga para reconhecer o seu valor. Em cena, 46 artistas, incluindo uma banda tocando músicas originais, e até um cachorro. O belíssimo cenário criado pela carnavalesca Rosa Magalhães era formado por vários níveis, escadas e rampas, simulando uma favela.

Durante as duas horas de espetáculo a plateia se entregava ao talento daquela trupe colorida. Por quatro vezes os aplausos irromperam em cena aberta. O público chorou e aplaudiu de pé. Foi um marco na história do Espaço de Construção da Cultura e na vida desses meninos e meninas. O resultado concreto de 18 meses de trabalho e 25 oficinas, que marcaram a transição da Ação da Cidadania para uma fase mais focada nas atividades de inclusão social através da cultura.

Bruno Quixotte, que fez "A Casa das Sete Mulheres" e "Malhação", e Gabriela Luiz, atriz em "Última Parada 174", "Anjos do Sol", "Capitu" e "Flores Raras", foram revelados nesse espetáculo. Lidiane Barros seguiu carreira internacional no circo, com passagem pelo *Cirque du Soleil*. Simone Paz e seus filhos Marcos, Luana, Leo e Larissa Bandeira criaram o Grupo Origens, que se apresenta em vários eventos. Outros são jornalistas, psicólogos, arquitetos, advogados e, acima de tudo, sabem que podem ser o que quiserem ser. O Espaço de Construção da Cultura permitiu mudar o destino social que estava reservado para essas crianças e jovens criados em comunidades cariocas. Afinal, como diz a música que encerra o espetáculo, "ninguém nasce bandido".

O musical também fez temporada no Teatro Villa Lobos, e foi indicado para o Prêmio Shell na categoria "Prêmio Especial", tendo recebido o prêmio São Sebastião de Teatro de "Melhor Espetáculo do Ano" em 2002. Parte do elenco também fez uma participação na abertura do Criança Esperança e apresentou um trecho do espetáculo no Rock in Rio III.

O INÍCIO DO FIM DA FOME

O Brasil vivia um momento de maior estabilidade econômica no governo Fernando Henrique Cardoso (FHC). Com a aproximação das eleições presidenciais de 2002 o Comitê Rio elaborou o projeto Brasil sem Fome, e pediu o comprometimento dos candidatos. Era um desdobramento da Campanha Nacional pelo Voto Ético e previa, além da geração de 100 mil empregos na área rural, o aumento da produção de feijão em 750 mil toneladas por ano, a ser distribuída aos 50 milhões de brasileiros abaixo da linha da pobreza.

Um dos itens mais importantes era o Cadastro da Pessoa Física Social, necessário para identificar quem teria direito aos programas sociais que seriam levados adiante. Como se vê, a Ação da Cidadania, através do Brasil sem Fome, influenciou a criação do Fome Zero pelo governo Lula, a maior política pública já implementada no Brasil.

Para acompanhar a implementação do projeto governamental, a Ação da Cidadania reuniu diversos atores da sociedade civil no Conselho Estratégico do Brasil sem Fome. Foi criado o Fundo Herbert de Souza Brasil sem Fome para captar recursos através de doações de empresas e pessoas físicas. Os primeiros donativos vieram da Telemar e do Banco Itaú, além das linhas 0500, que recebiam valores de R$ 10, R$ 20 e R$ 30 para o Natal sem Fome.

A primeira iniciativa realizada com recursos desse Fundo foi o plantio de 100 hectares para produzir 300 toneladas de arroz, em Goiânia (GO), fruto de um convênio com o Comitê dos Empregados da Embrapa de Goiás. Em fevereiro foi a vez de plantar 400 hectares de feijão em 17 estados brasileiros, em parceria com o Movimento dos Sem Terra (MST). Ao todo, o Brasil sem Fome investiu R$ 450 mil e colheu mais de mil toneladas de arroz e feijão.

A fome ainda era a causa mais importante da Ação da Cidadania e Maurício Andrade mantinha viva a energia que Betinho costumava imprimir ao Natal sem Fome que, em sua décima edição, bateu todos os recordes de arrecadação. Mas o coordenador estava antenado com o novo momento pelo qual o Brasil passava, e passou a defender a ideia de que a cultura e a educação eram as forças capazes de gerar transformação social e, por isso, essas deveriam ser prioridades para a Ação.

UM NOVO MOMENTO

Enquanto, em Santa Teresa, o Espaço de Construção da Cultura continuava a oferecer alternativas para os jovens, as obras seguiam trabalhando intensamente no antigo armazém no bairro da Saúde. Assim que os escritórios ficaram prontos, a equipe se mudou das antigas salas cedidas pelo Banco do Brasil para o galpão. Ainda havia muito a fazer, mas a energia da transformação já estava presente.

O imóvel, de dimensões gigantescas, é um projeto do engenheiro negro e abolicionista André Rebouças, cujo trabalho marcou o desenvolvimento do Rio de Janeiro no período. Erguido em 1871 e com mais de 10.000 m², o galpão foi totalmente construído por mão de obra remunerada, mesmo tendo vista de frente para um dos maiores entrepostos de escravos da história do Brasil.

Com a revitalização da Zona Portuária do Rio de Janeiro em função das Olimpíadas e Copa do Mundo, a região toda se valorizou, chamando a atenção sobre o imóvel. Afinal, um espaço com essas proporções e totalmente reformado, passou a interessar a muitos investidores.

O sonho de Maurício de reconstruir o ideal de inserção social através da cultura, da inovação e da educação para a juventude vivia constantemente ameaçado pela falta de um documento que garantisse o uso do imóvel por um tempo longo. A gestão do Comitê Rio gastou muito tempo e energia nessa batalha, travada desde 2000 e que acabou só sendo resolvida em 2021.

Durante a revitalização da região foi desenterrado o Cais do Valongo, bem em frente ao imóvel e, com ele, uma quantidade enorme de peças e objetos de grande valor histórico. Esse tesouro enterrado ajudaria a contar o que aconteceu aos mais de 500 mil africanos que ali desembarcaram para serem escravizados. O Armazém era o espaço ideal para abrigar o Memorial da Diáspora Africana do Rio de Janeiro. Mais do que a exposição de objetos e costumes, a ideia era levantar questões importantes como o racismo e a exclusão, trabalhando o sentido de pertencimento dos negros na cidade.

Mas sem o termo de cessão definitivo esse e outros projetos ficavam no papel, pois a incerteza da permanência no imóvel inibia os investidores. A nova gestão construiu um Plano de Trabalho estruturado para ampliar suas atividades e utilização do Armazém da Cidadania nos anos seguintes. Focado em Educação para a Cidadania, com público prioritário de crianças e jovens excluídos — de maioria negra, portanto — os projetos tinham foco na superação das barreiras do racismo.

Enquanto isso, a Coordenação Executiva do Comitê Rio fechou parcerias e, com o patrocínio da Concessionária Porto Novo, ergueu as salas necessárias para realizar as oficinas de circo, teatro, fotografia, desenho, grafite, reciclagem, canto coral, percussão e danças populares. Quando o Centro Cultural ficasse pronto, haveria espaço para muito mais. Quem vê a Ação da Cidadania hoje, estruturada, com planejamento e previsão de gastos, não pode supor o trabalho que teve Ruth Almeida, coordenadora de Cultura na ocasião. Ela precisava fazer "mágica" com recursos escassos para que as atividades continuassem a acontecer.

Fábio Melo, instrutor de circo e Duda Fonseca, mestre de capoeira, que iniciaram suas trajetórias no Espaço de Construção de Cultura, em Santa Teresa, voltaram para trabalhar no armazém, multiplicando a proposta que transformou suas próprias vidas.

Uma turma composta por 20 moradores da Região Portuária aprendeu diversas técnicas com o fotógrafo Maurício Hora, liderança da Casa Amarela, do Morro da Providência. O

> Focado em Educação para a Cidadania, com público prioritário de crianças e jovens excluídos – de maioria negra, portanto – os projetos tinham foco na superação das barreiras do racismo

resultado de todo o aprendizado foi visto na exposição "Fotolatando" na Região Portuária. As imagens foram captadas em saídas orientadas, registrando as obras de reurbanização da área do Porto. Algumas fotos impressas em papel foram coladas às paredes externas do Armazém, em tamanho gigante, atraindo novos públicos. Muitas pessoas que moram na região nunca tinham entrado em uma exposição.

Outra parceria, com a Rede Cidadã, trouxe o Programa Conexão, no qual jovens aprendiam a agir em uma entrevista de emprego, o que vestir, como se portar e tinham aulas de informática, entre outros cursos.

UM RETRATO DOS COMITÊS

09

Armazém da Barão de Tefé conseguia abrigar todos os comitês, garantindo maior participação

Em 2006, mesmo lutando contra um câncer de pulmão, Maurício liderou uma grande mudança de paradigma, e a maior campanha de arrecadação do país passou a recolher doações de livros infantis e brinquedos. Nascia o Natal sem Fome dos Sonhos. O Espaço de Cultura, em Santa Teresa, abria novas turmas e se preparava para explodir em possibilidades quando o Armazém ficasse pronto. A ideia era ampliar as atividades para incluir 3 mil crianças e jovens.

Ainda que a saúde de Maurício estivesse cada vez mais frágil, ele viveu para ver o Centro Cultural da Ação da Cidadania ser inaugurado, no dia 10 de junho de 2007, com a exposição "A Pedra do Reino", da TV Globo. Sua felicidade era tanta, que ele chegou a acreditar que conseguiria se curar da doença. Quase um mês depois, no dia 6 de julho, com apenas 56 anos, o pernambucano Maurício Andrade, que dedicou sua vida à Ação da Cidadania, morreu em decorrência das complicações do câncer contra o qual lutava há anos. Seu corpo foi velado na Assembleia Legislativa do Rio de Janeiro, onde em 2001, recebeu o título de Cidadão do Estado do Rio de Janeiro.

A perda de Betinho e Maurício em menos de dez anos estabeleceu um vazio institucional bastante difícil, deixando os cerca de 300 comitês ativos literalmente cada um "fazendo a sua parte". No Comitê Rio, o período foi atribulado e repleto de dificuldades de gestão. Ainda assim, a cultura, a educação e a inclusão social continuavam a mover o motor da renovação da Ação da Cidadania e a razão de ser do seu futuro.

Internamente, o vazio de liderança deixado pela morte de Maurício foi materializado na escassez de atividades sociais e culturais no Centro Cultural recentemente inaugurado. Era preciso fazer esse espaço acontecer.

Com a proximidade das eleições internas para a Coordenação Geral, pessoas com comprometimento anterior com a Ação voltaram para fortalecer esse processo. Foi aí que Daniel Souza assumiu a nova coordenação, com a missão de reinventar a Ação da Cidadania.

O novo grupo avaliou que a Ação da Cidadania havia contribuído efetivamente para colocar a fome e o combate à pobreza no centro das prioridades do Estado. Várias políticas sociais nesse

Maurício tinha grandes sonhos para realizar no Armazém da Barão de Tefé.
FOTO: ACERVO AÇÃO DA CIDADANIA

sentido foram desenvolvidas de forma ininterrupta pelos governos FHC, Lula e Dilma, de 1995 até 2014: "Mesmo que a fome não tenha acabado por completo, estamos contentes de não precisar mais recolher alimentos para 60 milhões de brasileiros. Melhor ainda é poder investir no potencial das lideranças que trabalham incansavelmente nas comunidades na capacitação de uma juventude que possa contribuir com a sociedade, que conhece seus direitos e deveres," avalia Daniel.

Para começar, a Coordenação Administrativo-Financeira precisou limpar o terreno para a próxima semeadura. Era preciso colocar em ordem as certidões, encargos e impostos, além de todos os documentos necessários para as prestações de contas, tudo dentro das normas estabelecidas para as organizações sociais do momento. Foram dois anos de trabalho intenso para deixar o Comitê Rio apto a captar recursos e parcerias, podendo, assim, realizar qualquer projeto.

O Fórum Nacional da Ação da Cidadania, que reúne os coordenadores dos comitês de todo o país, mostrou que era preciso honrar os ideais de Betinho e Maurício e incentivar o potencial que já estava desperto em cada um. Desde 1993 o movimento vem aglutinando essas lideranças, pessoas de grande capacidade de mobilização e criatividade. Gente sempre pronta a ajudar, que transforma um carro usado em terreno, consegue material com rifas, festas, bingos doações, e constrói seus sonhos em mutirão. A garra dessas pessoas não podia ser perdida. Ao contrário, precisava ser estimulada e potencializada.

Dentro da nova realidade do país, alguns comitês haviam se formalizado para poder realizar ações diretas com recursos governamentais ou operando projetos sociais de empresas. A maioria deles, no entanto, estava concentrada nas mãos da população mais carente, aguardando uma voz de comando. Estava claro que alguns comitês precisavam de ajuda para se estruturarem. Era fundamental conhecer melhor esses grupos para apoiá-los melhor.

A Coordenação de Ações Sociais, até hoje liderada por Ana Paula Souza, realizou um trabalho de aproximação com os comitês de todo o país. Essa atividade incluiu um recadastramento, que ajudou a conhecer com mais profundidade as ações realizadas em cada um deles. Entre os principais interesses e preocupações estavam educação, geração de renda, inclusão digital, inovação e cultura. Essa incrível e potente rede de comitês desenvolvem as mais variadas atividades, de creches comunitárias a cursos de alfabetização, de inclusão digital a educação ambiental, passando por geração de renda, hortas comunitárias, cooperativas de recicladores, microcréditos, espaços de leitura, entre outros.

O Natal sem Fome seguia — e ainda segue — sendo o evento que reúne todo o país, o momento do ano em que a solidariedade pulsa de forma mais intensa e coesa. O Comitê Rio decidiu investir na capacitação de lideranças e no apoio à formalização, quando necessário: "Betinho e Maurício personificavam muito a Ação, por sua força carismática. Isso arrastava uma grande quantidade de pessoas e dava uma direção. Sem eles, permanecem aqueles que são, de fato, lideranças. O que os caracteriza é a preocupação com o outro. Estão sempre prontos para ajudar", analisa Ana Paula Souza.

Além do recadastramento, uma das decisões centrais do Fórum Nacional de 2011 foi que a arrecadação de alimentos no Natal sem Fome seria uma decisão local. Ainda que regiões na Bahia, Recife e Maranhão a situação permanecesse inalterada, a Ação poderia e deveria reinventar seus rumos. A decisão estabeleceu uma nova relação com os cerca de 200 comitês ativos em 17 estados, fortalecendo suas atividades e contribuindo para torná-los cada vez mais autônomos e independentes.

No nível local a equipe de Ações Sociais criou o modelo dos polos, em que comitês da mesma região se reúnem regularmente para encontrar soluções em conjunto, contatar possíveis parceiros etc. Os cinco polos estruturados

> **"BETINHO E MAURÍCIO PERSONIFICAVAM MUITO A AÇÃO, POR SUA FORÇA CARISMÁTICA. ISSO ARRASTAVA UMA GRANDE QUANTIDADE DE PESSOAS E DAVA UMA DIREÇÃO. SEM ELES, PERMANECEM AQUELES QUE SÃO, DE FATO, LIDERANÇAS."**

_Ana Paula Souza, gerente de Advocacy

realizaram, apenas em 2013, 35 encontros, reunindo 398 lideranças. Essa interação e compartilhamento inspirou e fortaleceu a todos. Um dos trabalhos fundamentais naquele momento foi a identificação de famílias que não constavam no Cadastro Único e que, portanto, não estavam recebendo os benefícios aos quais tinham direito do governo.

O Armazém se mostrava um local perfeito para as plenárias mensais, eventos, oficinas e mediações envolvendo o ensino fundamental e médio dos bairros do entorno: Saúde, Gamboa, Santo Cristo, Pedra do Sal, além dos morros da Providência e Livramento. O

Sempre prontos pra ajudar, a satisfação dos voluntários contagia os doadores.
FOTO: ACERVO AÇÃO DA CIDADANIA

Com as políticas públicas de combate à fome em funcionamento, a Ação investiu no futuro: brinquedos e livros para a nova geração

espaço se tornou um Ponto de Cultura, servindo de matriz para outros 150 "Pontinhos de Cultura" informais, organizados pelos agentes sociais da Ação da Cidadania nos Espaços de Leitura dos comitês. O projeto "Leitura em Ação" teve duas edições e recebeu grandes escritores contemporâneos, como: Elisa Lucinda, Ziraldo, Moacyr Scliar, Zuenir Ventura, Martha Medeiros, entre outros. As atividades tiveram o patrocínio da Oi e da Secretaria de Estado de Cultura do Rio de Janeiro.

Ainda que relevantes, as atividades estavam muito aquém da capacidade do Armazém e muito longe do que Maurício havia sonhado para o Centro Cultural da Ação da Cidadania. Além das plenárias, o Comitê Rio realizou vários eventos recebendo empresas, organizações sociais e secretários estaduais e municipais para debater assuntos de interesse das comunidades. Para bancar as atividades e custear o próprio funcionamento do imóvel, o Comitê Rio passou a alugar o espaço para eventos de grande porte.

Nesse período, várias iniciativas e parcerias aconteceram, como as consultorias sobre empreendedorismo que o Sebrae oferecia durante as plenárias ou a capacitação ofertada pela Empresa Criativa para que os comitês passassem a construir os próprios projetos, aumentando a autonomia e a sustentabilidade. O problema é que a maioria esbarrava — novamente — na falta de um documento que garantisse a permanência da Ação no Armazém, e isso inibia os investidores.

O Cozinha Brasil, parceria com o Sesi, pretendia ensinar a aproveitar melhor os alimentos, utilizando partes geralmente descartadas, como talos e cascas, garantindo, assim, uma alimentação mais saudável com poucos recursos. O Sesi entraria com a metodologia e os instrutores e o Comitê Rio com a compra dos alimentos e os utensílios utilizados nas aulas. Ainda que naquele momento não tenha sido possível dar continuidade ao projeto, ele acabou sendo a semente da atual Cozinha Solidária.

20 ANOS DE HISTÓRIA

10

Driblando todas as dificuldades, o Comitê Rio seguiu realizando atividades culturais e sociais

> **"A POSSE PERMANENTE DO ARMAZÉM É DETERMINANTE PARA CONSTRUIR QUALQUER PROJETO MAIS ESTRUTURANTE. SEM ISSO, NÃO HÁ SEGURANÇA DE QUE O PROJETO NÃO VÁ SER INTERROMPIDO POR PERDA DO ESPAÇO NA JUSTIÇA."**
>
> **_Kiko Afonso**, diretor-executivo do Comitê Rio

Em duas décadas de Ação da Cidadania muita coisa mudou. Pelo país, começava uma onda de manifestações que tomaram as ruas em 2013 e mostrava uma população, a maioria jovens, descontente. Naquele momento, não foi possível perceber o "caldo" que estava sendo preparado por trás dessa insatisfação. O fato é que a nação iria mudar muito, e em muito pouco tempo.

Nesse momento, um projeto foi levado ao Comitê Rio por Rodrigo Afonso, o Kiko, filho de Carlos Afonso, um dos fundadores do Ibase com Betinho e Marcos Arruda. A ideia do "Campus Buntu" era atrair potenciais parceiros interessados em colaborar com programas de inclusão digital, já que essa era mais uma forma de aumentar o fosso que divide os ricos dos mais pobres.

A vida abriu uma oportunidade para que Daniel e Kiko pudessem dar seguimento ao legado dos pais, reorientando as necessidades do movimento de acordo com os anseios da sociedade.

A Usina de Inovação da Ação da Cidadania, projeto a ser realizado dentro do Armazém, queria ser um centro de excelência para oferecer capacitação e empreendedorismo plural, multicultural e multissocial. Um ambiente de trocas de experiências, conhecimentos e culturas, com

O espetáculo "André Rebouças, o engenheiro negro da liberdade", apresentado no armazém projetado e erguido pelo protagonista.
FOTOS: DOUGLAS OLIVEIRA

foco em tecnologias digitais e inovação. Naquele momento, o acesso à internet era um divisor de águas entre ter ou não ter oportunidades de estudo, de trabalho e até de cultura.

ANDRÉ REBOUÇAS

Finalmente, em 2013 a luta pelo Armazém parecia ter terminado. Tudo havia sido acertado com o governo federal, dono do imóvel. Só faltava assinar a papelada. Sua vocação para ser um local ligado à diáspora africana era incontestável e o diretor de Menino no Meio da Rua, André Luiz Câmara, voltou para montar André Rebouças, o engenheiro negro da liberdade. Foi José Miguel da Trindade quem se interessou pela história do responsável pela construção do armazém. Ele mergulhou nas páginas do diário de Rebouças, suas notas autobiográficas, cartas e escritos, revelando a história desse que foi o primeiro engenheiro negro do Brasil.

A peça conta a história desse intelectual, da geração dos 1800, abolicionista, monarquista, amigo e confidente de D. Pedro II. Nascido em uma elite negra baiana, com tios formados na Europa, seu pai foi um rábula autodidata que chegou a conselheiro do Império. Depois de cursar Engenharia na Escola Militar, seguiu com o irmão Antônio para a Europa, onde se especializou em portos e docas. Rebouças era versado também em outras ciências e defendia a reforma agrária e a educação para os libertos como base para o pós-abolição. Com a Proclamação da República e a expulsão da Família Real Portuguesa, Rebouças seguiu com o imperador para o exílio em Lisboa e depois na França, onde ficou ao lado de D. Pedro II até sua morte.

Com um elenco formado por 13 atores e quatro músicos, a montagem do espetáculo utilizou múltiplas linguagens artísticas: teatro, dança e vídeo. Os personagens foram criados a partir de pesquisas de jornais, cartas e biografias. Como se viu, o "engenheiro negro da liberdade" já falava em abolição da miséria, e o Armazém parecia mesmo perfeito para desenvolver os planos da Ação da Cidadania.

Mas em 2017 a Prefeitura do Rio de Janeiro mostrou interesse em desenvolver o Museu da Escravidão e da Liberdade (MEL) no imóvel. O Comitê Rio sugeriu uma parceria, unindo esse com o projeto do Memorial da Diáspora Africana, mas a conversa não evoluiu. A Prefeitura pediu a cessão exclusiva do espaço ao governo federal.

BRASIL NA CORDA BAMBA

No cenário nacional, a presidenta Dilma Rousseff, eleita em 2014, vinha sendo "fritada" desde sua posse. Eduardo Cunha, presidente da Câmara dos Deputados, liderou um processo de derrotas às suas propostas no Congresso, enquanto pipocavam denúncias de corrupção no governo e nas estatais. Com a popularidade em queda, Dilma tentou aprovar um ajuste fiscal, mas tanto ela como o PT estavam perdendo o apoio na base e nas ruas.

Rodrigo Janot, então Procurador Geral da República, pediu o afastamento de Eduardo Cunha, também envolvido em acusações de corrupção. Antes de perder o cargo, entretanto, ele tratou de abrir o processo de *impeachment* contra a presidenta, acusada de crime de responsabilidade pela prática de "pedaladas fiscais".

O julgamento de Dilma Rousseff aconteceu, de fato, no próprio Congresso Nacional, no dia 17 de abril de 2016, numa sessão com 17 horas de duração e transmitida integralmente ao vivo pelas TVs. Um espetáculo pavoroso em que os votos eram dedicados à família, aos filhos e até a um torturador. Exatamente. O então deputado federal Jair Messias Bolsonaro homenageou o general que torturou pessoalmente a presidenta e saiu ileso. Pior. Saiu aplaudido por um grupo grande demais para não ter sido, até então, notado. Daí em diante iniciou-se uma saga para eleger Bolsonaro presidente da República. A qualquer custo.

Dilma foi afastada e Michel Temer assumiu seu lugar, em agosto de 2016, nomeando um ministério de homens brancos. O retrocesso estava só começando. Seis anos depois, o Ministério Público Federal arquivou o caso por falta de provas. Dilma, portanto, apesar de inocente, perdeu o mandato. Hoje é mais fácil enxergar o golpe. Mas acredite, no momento, a movimentação política agiu na surdina e preparou o terreno.

Dilma Roussef no plenário do Senado Federal durante o julgamento do processo de impeachment.
FOTO: EDILSON RODRIGUES/AGÊNCIA SENADO

Temer criou o teto de gastos (limite de investimentos para a Saúde e a Educação) por 20 anos, e a economia começou a afundar rapidamente. Negócios fechando, a população de rua crescendo, insatisfação geral. O dia 7 de setembro foi marcado por manifestações em todo o país. Cunha foi preso por ordem do juiz Sérgio Moro dois meses depois do *impeachment*. Seguiu-se a isso uma avalanche de ações que levaram à perda de diversos direitos da população, como a Reforma Trabalhista, aprovada sem vetos pelo Senado. Pelas redes sociais, um movimento orquestrado acirrava preconceitos de toda ordem, insuflando os conflitos e estimulando o ódio.

Sem dúvida os homens brancos estavam de volta ao poder e não estavam dispostos a deixá-lo escapar outra vez. Temer aceitou o papel sujo de jogar o país no caos para que as eleições pudessem ser a salvação. Uma enxurrada de *Fake News* bombardeou um PT já cansado por três mandatos e recém-deposto.

Só que mesmo com todo o movimento para derrubar Dilma e enfraquecer o PT, as pesquisas mostravam que Lula tinha chances de vencer as eleições seguintes. Era preciso tirar o ex-presidente do jogo eleitoral. E foi o que Sergio Moro fez. Sem provas, mas com "convicções" e o apoio de uma horda poderosa ansiosa para trazer o conservadorismo de volta ao país.

O INÍCIO DA VIRADA

11

Espetáculos culturais davam vida ao armazém enquanto a instituição se reorganizava

Enquanto isso, no Comitê Rio, Daniel e Kiko encaravam o desafio de modernizar uma instituição acostumada a processos criados 20 anos antes. O estatuto já não atendia às necessidades da entidade e muitas dificuldades administrativas haviam sido criadas, fruto do longo período de indefinição sobre a cessão do Armazém. A experiência de Kiko Afonso em ONGs e empresas, sempre ligado à inovação e tecnologia, poderia ajudar, e muito.

O projeto que Kiko trouxe para a Ação, focado na capacitação de jovens da periferia, era um sonho seu depois de tanto trabalhar com tecnologia. Parecia perfeito, já que a Ação buscava captar parcerias e projetos com foco nesse público. O problema é que não havia dinheiro para o projeto e sequer para seu salário. Trabalhando como voluntário, ele começou a se inteirar dos muitos problemas da gestão interna e percebeu que não adiantaria investir em nenhum projeto sem resolver algumas questões estruturais.

Para uma instituição moderna, faltava planejamento estratégico, definição de processos de gestão, previsão de custos etc. O mais sério, no entanto, era a ausência de um projeto social claramente definido, já que a fome, no momento estava "resolvida" por políticas públicas. O Brasil havia saído do Mapa da Fome em 2014, resultado dos anos de investimentos em políticas públicas que, aliás, começaram a ser desmontadas.

Usando a tecnologia do *Design Thinking*, o grupo chegou a um planejamento, com foco claro na juventude, especialmente negra, diante da constatação de que a pobreza, no Brasil, tem cor. Os investimentos da Ação, dali em diante, portanto, passariam a perseguir um objetivo principal: emancipar socialmente a parcela da sociedade que vive refém de um modelo econômico e social. Incluir o cidadão de forma plena, com acesso a todos os seus direitos (e deveres) contribuindo para uma sociedade mais justa.

Nessa pegada, as ações seriam voltadas para capacitação, cultura, inovação e empreendedorismo. Como sempre, além do público jovem, o foco estratégico era o maior ativo da Ação da Cidadania: os comitês. Levando em conta sua pluralidade e valorizando sua autonomia, o empoderamento das lideranças era cada vez mais necessário para que atuassem com mais eficiência e independência. A ideia foi tratá-las como *startups* sociais. Parcerias como a realizada com a Universidade da Correria (UC) fizeram a integração da tradição com os projetos futuros. Lideranças de comitês participaram das aulas de empreendedorismo da UC, passando a utilizar estruturas que a Universidade

Desde o Espaço de Cultura, em Santa Teresa, as oficinas e apresentações de circo são atividades permanentes do Comitê Rio.
FOTO: ANA PAULA PEREIRA

mantinha no Armazém. Com esse apoio, os comitês se profissionalizaram, melhorando seus resultados.

A UC nasceu em 2011, no Complexo da Maré, para ajudar empreendedores a impulsionar seus negócios. As turmas tinham no máximo 15 pessoas e os criadores do projeto Anderson França e Suelen Masiero sonhavam com um espaço maior. Kiko tinha acabado de assumir a diretoria executiva do Comitê Rio e conhecia bem o trabalho da UC. O projeto passou a utilizar quatro salas do Armazém, além da cozinha industrial de 100 m², construída em 2012 para o Cozinha Brasil. As turmas puderam crescer para 30 alunos e 20% das vagas eram gratuitas para comitês. Só em 2017, a UC ajudou a impulsionar oito projetos e iniciou 2018 com cinco novos negócios.

As oficinas de circo seguiam acontecendo no Armazém. Por 18 anos, sem interrupções, jovens vindos de comunidades de risco social tiveram contato com o circo e suas técnicas de acrobacia e aéreo pelas mãos de Fábio Melo. Formado pela Escola Nacional de Circo, e desde o início à frente do projeto, ele próprio é um exemplo de transformação pela cultura. Nascido em uma família com poucos recursos no subúrbio carioca, Fábio viajou por vários países, aprendeu línguas, conheceu pessoas e culturas diferentes graças ao circo.

As oficinas se tornaram o Ponto de Cultura Circus-Circus, integrado à Rede Carioca de Pontos de Cultura que havia na cidade. Além das turmas de formação, a classe master se apresentava como "Trupe Circo do Porto", como no Concerto

O Laboratório Audiovisual atraiu um grande público e gerou uma intensa troca entre fazedores de cultura da periferia com profissionais do mercado.
FOTOS: ACERVO AÇÃO DA CIDADANIA

Florentino, espetáculo realizado com o Grupo Música Antiga da Universidade Federal Fluminense (UFF), que uniu música medieval com acrobacias. Ou o espetáculo "Circo de Tinta", sucesso no Boulevard Olímpico durante as Olimpíadas do Rio de Janeiro. Assim como na vida de Fábio, o circo vem iluminando o caminho e abrindo portas para muitos jovens.

Em abril de 2017 nasceu o Laboratório Audiovisual da Ação da Cidadania, projeto de empreendedorismo que inaugurou as atividades do Núcleo Audiovisual e conquistou o apoio e a parceria da Fundação Ford. Como resultado das atividades do Núcleo, foram realizados dois curtas: um sobre D. Teresinha, uma das primeiras e ainda mais atuantes lideranças de comitês; outro, sobre a Vizinha Faladeira, escola de samba tradicional do bairro do Santo Cristo, criada em 1932.

Já o Laboratório propunha ir além da capacitação profissional e preparar os jovens para a disputa no novo cenário do mercado audiovisual, de difícil acesso para a periferia. A procura foi muito acima da capacidade: 320 interessados. Antes pensado para 30 participantes, decidiu-se por selecionar 70 jovens, considerando que haveria desistências no percurso. Em março de 2018 40 jovens se formaram, tendo participado de Ciclos de Diálogos, Aceleradora de Projetos e *Pitching*.

> O Laboratório propunha ir além da capacitação profissional e preparar os jovens para a disputa no novo cenário do mercado audiovisual, de difícil acesso para a periferia

Foi uma oportunidade única para os jovens dialogarem com profissionais de várias áreas do mercado audiovisual, como atores, diretores, montadores, cineastas, músicos, roteiristas, produtores e até *youtubers*. Nomes como Wagner Moura, Luiz Rosemberg Filho e profissionais da periferia como Yasmin Thayná e Anderson Quack compartilharam suas experiências com os participantes.

Durante o ano foram realizados nove encontros de Formação em Cidadania e Políticas para lideranças comunitárias, organizações e grupos populares cadastrados na Rede de Comitês da Ação da Cidadania. A atividade mobilizou cerca de 800 jovens, adultos e idosos e mudou a forma de interação com os comitês e entre os comitês. A adoção da metodologia da Roda de Conversa proporcionou um espaço interativo, dinâmico, plural e democrático, mais amigável para que todos pudessem se expressar e, sobretudo, escutar.

A inclusão no audiovisual é fundamental para que a sociedade se enxergue através de olhares diversos.
FOTO: ACERVO AÇÃO DA CIDADANIA

A VOLTA DA FOME

12

Com o Brasil de volta ao Mapa da Fome, a Ação retomou o Natal sem Fome em nível nacional

A Ação da Cidadania inaugurou uma era de mobilização social nunca vista e jamais produzida. Criou mesmo uma tecnologia social, amplamente experimentada, com resultados concretos e diversificados, com grande transparência. Por isso, quando a fome voltou a assombrar a população brasileira, o Comitê Nacional decidiu reeditar o Natal sem Fome, já que desde 2007 grande parte dos comitês pararam de recolher alimentos. Foi só acionar a rede de solidariedade formada pelos comitês e a resposta foi imediata.

Alguns comitês já vinham sinalizando o problema e, em 2017, o Comitê Rio fez duas arrecadações: o Natal sem Fome no fim do ano e outra em agosto, para ajudar os servidores do estado do Rio de Janeiro, sem salário há meses. O governador do Rio, Sérgio Cabral, preso por corrupção e condenado a mais de 100 anos, deixou os cofres do estado sem dinheiro, e o governo parou de pagar os salários. No dia 12 de agosto o evento OcupAção arrecadou 25,5 toneladas de alimentos para 2.500 famílias. Durante 12 horas cerca de 2 mil pessoas participaram de várias atividades, incluindo a apresentação do documentário Betinho, a Esperança Equilibrista, de Victor Lopes, e o show principal do bandolinista Hamilton de Holanda.

Com as doações podendo ser feitas pelo site www.natalsemfome.org.br, a campanha foi crescendo na rede. A Mastercard acabou se tornando a maior doadora do Natal sem Fome 2017. Isso porque a empresa fez uma parceria prometendo dobrar as doações feitas no site com a bandeira do cartão ou em alimentos doados nos postos de coleta da Ação da Cidadania. Sozinha, sua contribuição chegou a R$ 500 mil, sendo responsável por 200 toneladas de alimentos.

A tradicional mesa com 1km no Aterro do Flamengo foi montada no dia 15 de outubro. A meta de 500 toneladas foi facilmente atingida em menos de um mês. No total, foram distribuídas 807 toneladas de alimentos não perecíveis em todo o país. Parceiros recém-chegados, como o iFood, fizeram ações inovadoras, escolhendo um domingo para reverter cada pedido realizado no aplicativo em um prato de comida para a campanha. O resultado: 128 toneladas de alimentos em apenas um dia. Mas, como sempre, a maior parte das doações vieram de pessoas físicas, milhares delas, que desde 1993 fazem parte dessa rede de solidariedade.

O Natal sem Fome do ano seguinte teve a cooperação da representação no Brasil da Organização das Nações Unidas para a Educação, a Ciência e a Cultura (Unesco) e parceria da Organização das Nações Unidas para a Alimentação e a Agricultura (FAO) e da Agência África, que ajudou na comunicação. O logo da Ação foi atualizado e foi criada uma forte campanha com apoio dos artistas. Caetano Veloso, Daniela Mercury, Débora Bloch, Chico Buarque, Mart'nália, Marcelo Serrado, entre outros antigos colaboradores, foram alguns dos que participaram.

A Ação da Cidadania juntou um time de peso, formado por artistas e outras personalidades, para movimentar o Natal sem Fome 2018. A campanha publicitária surtiu efeito e as doações chegaram a 495 mil pessoas que vivem abaixo da linha da pobreza em 20 estados, mais o Distrito Federal. No Rio de Janeiro foram 50 mil beneficiários em 14 municípios da Região Metropolitana do Rio de Janeiro.

Para além das arrecadações, a Formação em Hortas Comunitárias e Quintais Produtivos foi uma ideia que começou a ser semeada em 2017, tomou corpo em 2018 e vem colhendo frutos até hoje. A experiência faz parte das estratégias de segurança alimentar da Ação da Cidadania e gerou, entre seus frutos, a Horta Mandala Terezinha Mendes e a Horta Urbana Vasti de Macedo, que funcionam na atual sede da instituição. Em 2017 cerca de 30 lideranças que trabalham diretamente com famílias usuárias do Programa Bolsa Família nos municípios da Baixada Fluminense e Zona Oeste do Rio de Janeiro participaram de oito minicursos. Em 2018 outras 30 lideranças realizaram quatro atividades teóricas e práticas, sempre com a parceria da Agricultura Familiar e Agroecologia (AS-PTA).

A metodologia das Rodas de Conversa estimulou as trocas entre os comitês e multiplicou os aprendizados.
FOTO: ACERVO AÇÃO DA CIDADANIA

O processo de aprendizado coletivo utiliza, até hoje, a metodologia das Rodas de Conversa mediadas por especialistas, nas quais os participantes compartilham conhecimentos e são estimulados a cultivar hortas familiares, abrindo as portas para hábitos alimentares mais saudáveis e mais alinhados com a segurança alimentar. As atividades também estimulam práticas de consumo sustentável, fortalecendo as redes da sociedade civil voltada para a promoção do desenvolvimento rural sustentável. A partir dessa experiência, a cultura da troca se tornou cada vez mais presente na Ação em várias atividades, principalmente nas plenárias, quando os comitês levam itens para compartilhar, como: frutas, legumes, ovos, compotas, artesanato e sementes.

Em 2018 a Ação da Cidadania marcou seus 25 anos com a reedição do CD "Brasil são outros 500", incluindo três novas faixas e participações inéditas, e o lançamento do livro que conta sua história. Mas o momento não era propriamente para comemorações. No dia 7 de abril Lula foi preso por corrupção e lavagem de dinheiro no caso do triplex no Guarujá (SP), mesmo sem provas. A Lava Jato perseguia pessoas em troca de delações premiadas, e Sérgio Moro ganhava ares de um novo "Caçador de Marajás". Foi no período mais difícil para a Ação da Cidadania. As doações estavam baixas, o movimento desmobilizado, enquanto a crise se acentuava a cada dia.

O movimento tinha então de se reinventar. Buscou transformar-se com apoio da tecnologia. Reformou quadros e procedimentos. Organizou as contas e criou formas inéditas de captação de recursos. Quando chegou a pandemia de 2020, a Ação estava organizada e equilibrada. Pode exercer então um papel vigoroso de apoio aos brasileiros excluídos.

> **SE EU DESISTIR, ELES É QUE TERÃO ME MODIFICADO."**

_Caetano Veloso,
parábola judaica

Em 1993, na série de fábulas que levou à televisão, a Ação usou Caetano Veloso para narrar um pequeno conto judaico sobre um homem que pregava diariamente em uma praça por maior solidariedade, sem que fosse escutado. Um dia, um viajante abordou esse homem e questionou por que ele não desistia, já que ninguém o ouvia: "Se eu desistir, eles é que terão me modificado", respondeu o pregador.

Os herdeiros de Betinho e Maurício Andrade tinham aprendido a lição dos mestres: não desistir nunca.

APONTE O CELULAR E VEJA O VÍDEO EM:
https://bit.ly/3OJz07q

COM 35 REAIS, VOCÊ JÁ PODE ENCHER 06 PRATOS VAZIOS.

NATAL SEM FOME.
DOE AGORA.

#NATALSEMFOME

AJUDE A ENCHER O PRATO VAZIO DE 7 MILHÕES DE BRASILEIROS.

NATAL SEM FOME.
FAÇA SUA DOAÇÃO.

#NATALSEMFOME

7 MILHÕES DE BRASILEIROS PASSAM FOME TODOS OS DIAS. ESSA INFORMAÇÃO VOCÊ NÃO PODE DEIXAR PASSAR.

NATAL SEM FOME.
FAÇA SUA DOAÇÃO.

#NATALSEMFOME

NESTE NATAL, DÊ UM PRESENTE A 7 MILHÕES DE BRASILEIROS QUE PASSAM FOME: A SUA DOAÇÃO.

NATAL SEM FOME.
DOE AGORA.

#NATALSEMFOME

VOCÊ PODE MUDAR O NATAL DE MILHÕES DE BRASILEIROS QUE PASSAM FOME.

NATAL SEM FOME.
FAÇA SUA DOAÇÃO.

#NATALSEMFOME

NÃO EXISTE RECEITA PARA ENCHER PRATOS VAZIOS.

NATAL SEM FOME.
FAÇA SUA DOAÇÃO.

#NATALSEMFOME

A FOME VOLTOU FORTE. VAMOS MOSTRAR QUE SOMOS MAIS FORTES QUE ELA.

NATAL SEM FOME.
FAÇA SUA DOAÇÃO.

#NATALSEMFOME

A FOME VOLTOU. NESTE NATAL, VAMOS VOLTAR A ENCHER PRATOS VAZIOS.

NATAL SEM FOME.
FAÇA A SUA DOAÇÃO.

#NATALSEMFOME

E A HISTÓRIA CONTINUA...

13

FOTO: SARA GEHREN

Para um futuro de sucesso, a Ação aposta em uma equipe plural, inclusiva e especializada

A Ação da Cidadania se reinventou. Após 30 anos de atuação contínua e impactante, prepara-se para construir o papel que terá nas próximas décadas. Preserva os fundamentos do passado e sua conceituação ética, sem deixar, no entanto, de renovar estruturas, procedimentos, avaliações de políticas e projetos.

Os números e ações aqui expostos mostram uma entidade vibrante, capaz de arrecadar mais e melhor e, por consequência, doar mais e melhor. Uma entidade mais eficiente, mais técnica, mais profissionalizada, voltada para o amanhã.

Betinho ergueu os pilares de sustentação da Ação da Cidadania, que se mantêm, mas só pôde acompanhar em vida pouco mais do que quatro anos da entidade que projetou e perdura por três décadas. Continua a ser inspiração, mas a Ação de agora é obra de uma nova geração.

Sem ignorar ou destruir o passado, essa nova geração incorpora as ferramentas do presente, usa e desenvolve tecnologias que sedimentam o caminho a perseguir no futuro. O salto estrutural e de impacto que a Ação da Cidadania deu nos últimos cinco anos é fruto do trabalho e empenho de muita gente idealista, sem ser ingênua; técnica sem deixar de ser empolgada; racionalista, sem deixar de ser humana. Gente afeita à modernidade, sem abrir mão da solidária conversa franca, olho no olho.

Novos tempos requerem novas estratégias, novas parcerias. O desafio de vencer a fome, a miséria e de lutar pela vida não é novo. Mas a sociedade muda, as dinâmicas sociais se revitalizam, as instituições continuam vinculadas à sua história, mas têm de se afinar ao tempo em que vivem sob pena de colapsar.

A garantia de sustentabilidade financeira da Ação sugere a força que terá nos temas que abraça e abraçará. Mais do que um prato de comida ou uma cesta de alimentos, a meta ambiciosa é de expansão da cidadania. A Ação se projeta como uma entidade ativista em defesa dos movimentos sociais, dos direitos humanos, da democracia, dos valores mais essenciais da dignidade humana.

A Ação quer, ambiciosamente, se projetar internacionalmente. Para explicar o Brasil e suas mazelas para quem está lá fora. Sim, a preservação da Amazônia é uma causa mundial fundamental. Mas o Brasil tem essa urgência e muitas outras. A Ação quer liderar uma coalizão de movimentos sociais e comunitários brasileiros e latinos para ter voz perante os fóruns internacionais de governança e de riqueza.

A campanha contra a fome nunca foi só doação de comida. Criação de empregos, distribuição de renda, profissionalização, educação, políticas públicas cidadãs sempre foram as prioridades

O Brasil do andar de cima e o mundo desenvolvido convivem inabalados com a miséria há tanto tempo que nem costumam se lembrar dela. Sempre aparece a desculpa de que a miséria é transitória, parte do processo de evolução do país, de um continente, do globo.

As elites brasileiras e dos países desenvolvidos remetem a solução da miséria para um futuro incerto. O futuro, no entanto, se faz agora.

A campanha contra a fome nunca foi só doação de comida. Criação de empregos, distribuição de renda, profissionalização, educação, políticas públicas cidadãs sempre foram as prioridades. A questão que se projeta é como construir uma sociedade igualitária, participativa e solidária, capaz de colocar no centro de sua dinâmica o atendimento das necessidades básicas

Muito mais do que alimentos, a Ação da Cidadania distribui a esperança de um Brasil mais justo e igualitário.
FOTO: BRUNO KELLY

de todo ser humano, independentemente de gênero, etnia, sexo e idade.

É preciso ter como norte os valores mais essenciais da democracia: igualdade, liberdade, participação, solidariedade e diversidade. São eles os inspiradores de uma nova estratégia mundial que sepultaria os "ismos" do século XX: autoritarismo, coronelismo, mandonismo, patriarcalismo, personalismo, clientelismo, populismo.

Sob a égide de tais ismos, séculos de desenvolvimento excludente produziram o Brasil de hoje, receita do desastre social, no qual o cinismo e a indiferença tentam camuflar o resultado pungente do apartheid social mal disfarçado.

Um Brasil apartado em que a situação de miséria interpela radicalmente a sociedade e o Estado. Desafia a uma resposta urgente da cidadania. Se democracia e miséria são incompatíveis e se a pobreza não pode ser aceita, a indigência é intolerável. Aquilo que produz miséria não pode ser aceito.

Todos podem e devem comer, trabalhar e obter renda digna, ter escola, saúde, saneamento básico, acesso à cultura. Florestas protegidas, água limpa, mente sã. Ninguém deve viver na miséria. Todos têm direito à vida digna e à cidadania.

As sociedades escolhem triunfar ou perecer. E essa escolha é feita no dia a dia por sua gente. A construção de uma sociedade mais justa e igualitária obriga a pensar e agir de forma crítica e engajada, buscando soluções coletivas e políticas públicas efetivas. O futuro se constrói a cada momento. Não é possível esperar que mudanças aconteçam de forma espontânea. É preciso lutar por elas, por meio da mobilização social e do engajamento político.

O que será do Brasil daqui a 30 anos?

Talvez não seja fácil prever. Mas uma coisa é certa: o futuro depende da ação que você, cidadão, tomar hoje. A Ação da Cidadania segue fazendo a sua parte.

APONTE O CELULAR E VEJA O VÍDEO EM:
https://bit.ly/45k7rXV

A equipe da Ação e a energia contagiante do Natal sem Fome.
FOTO: BRENO LIMA

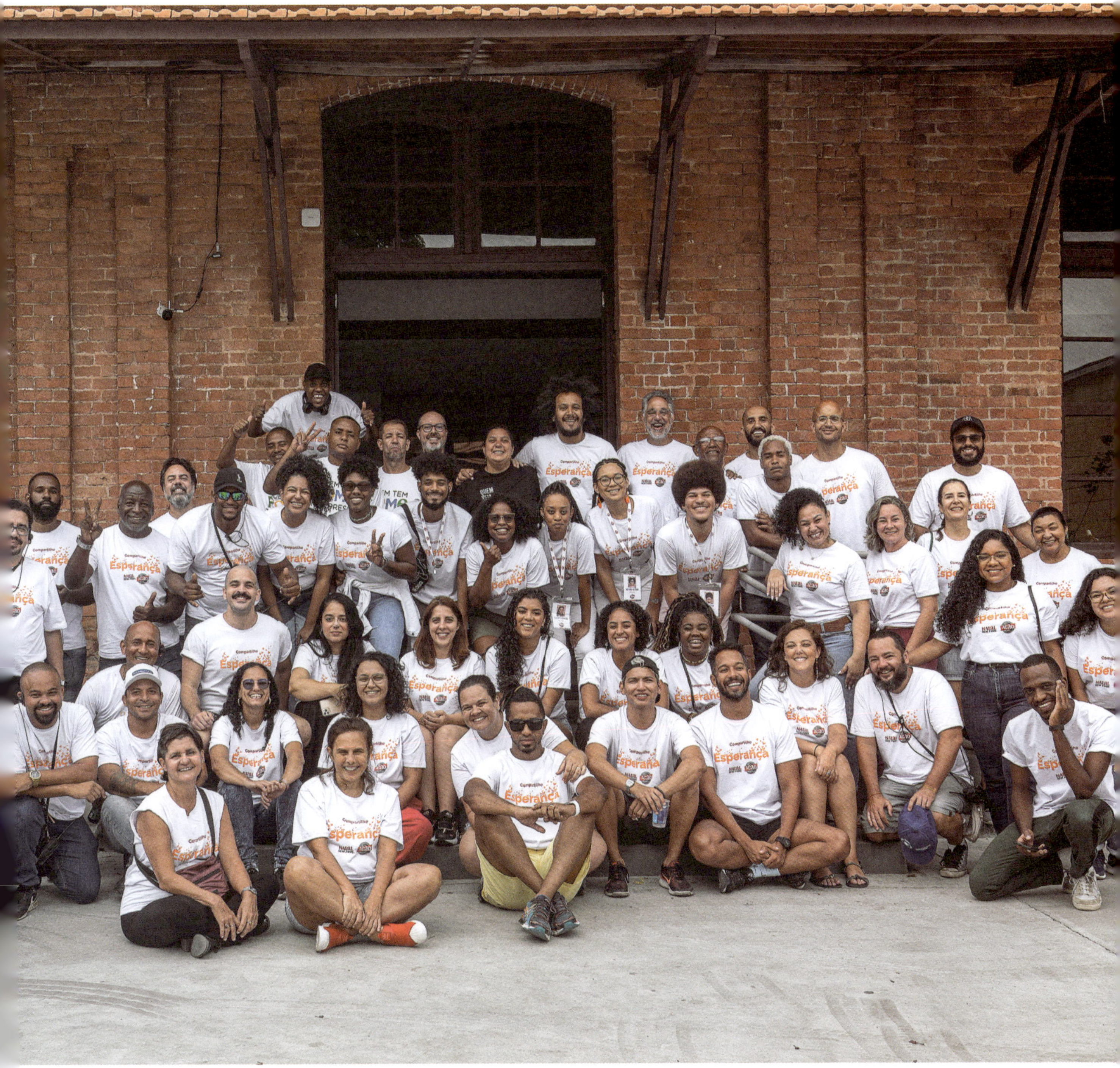
Esperança

BENEMÉRITOS DA CIDADANIA
Celso Furtado
Herbert de Souza (Betinho)
Mauricio Andrade
Ruth Cardoso

CONSELHO DIRETOR
PRESIDENTE
Daniel Carvalho de Souza
VICE-PRESIDENTE
Antonio Iyda Paganelli
SECRETÁRIA
Nádia Maria Rebouças de Carvalho
DIRETOR-EXECUTIVO
Rodrigo Fernandes Afonso
DIRETORA ADMINISTRATIVO-FINANCEIRO
Eneide Maia de Castro

EQUIPE
PROJETOS
Alessandro Ferreira Dias
Ana Carla Batista Veloso
Aparecida dos Santos Merces
Carlos Alberto Patrocínio Rosa
Carolina Nascimento Porto
Caroline dos Santos de Paula
Elza Maria Cavalcante de Medeiros
Esdra Chrystina Ribeiro da Silva
Evelin Kaline Rocha Araújo
Jaciara da Cruz Gomes
Jeniffer Stephanie Barboza da Silva
Joana Duboc
Juarez Melo Costa
Julia Freyre Schuback
Julianna Diniz de Souza Jozino
Kassyane da Silva Jozino
Licia Leandro de Lacerda Marca
Lidiane De Sena Mendes
Luis Otavio do Espírito Santo Cruz
Marcelo Cosme Alves Pinheiro
Maria Sonia Oliveira dos Santos
Matheus dos Santos Neves
Osmar Nascimento dos Santos
Rafael Manhães Pereira
Tatiane Duarte do Espirito Santo Alves
Vanessa Marcondes de Oliveira Pires
Vania da Costa Hartmann
Vania Moreira Lucas

CAMPANHAS E LOGÍSTICA
João Ricardo Oliveira Moreira
Norton Tavares da Silva

REDES E COMITÊS
Carlos Antônio da Silva
Nathalia Tauchen Aguiar
Pedro Diego da Silva Rocha

AÇÕES CULTURAIS
José Miguel
Tyta Almeida

ADVOCACY
Ana Paula Pereira
Ana Paula Pinto de Souza
Cesar Damásio Varella
Iayza Maia Rodrigues de Oliveira
Isadora gomes da Silveira
João Victor da Silva
Juliana Coutinho de Brito
Joelma Souz
Lorena Froz dos Santos
Marcyllene Maria da Silva Santos
Mariah Pereira Guimaraes
Mariana Pedron Macario
Maylon da Silva Rodrigues
Rayane Pereira Matias
Walkiria Martins Manzano Cugat

ADMINISTRATIVO
Maira Leite Guilherme dos Santos
Paloma Brum
Paulo Henrique da Silva Soares
Raquel Alonso Ferreira da Silva

DEPARTAMENTO PREDIAL
Adilson Francisco da silva
Bruno Rodrigues da Silva
Daniel Sampaio Freitas
Gildeson Lopes de Jesus
Helen Cristina Lessa de Aquino
Jose Nilson Soares
Luiz Gustavo Bahia da Silva
Marcos Aurelio de Barros Marques
Mauricio da Conceição Santos
Mônica Gomes Menezes

COMUNICAÇÃO
Caroline Gomes da Penha
Ciro Jose Andrade de Souza
Davilson Lourenço
Diego de Souza Cotta
João Pedro Domingos dos Santos
Luciana Alves
Nathalia Dias
Vanessa Maria Carneiro de Andrade

CAPTAÇÃO
Marcelo Jambeiro de Oliveira

JURÍDICO
Cesar Bernardo Simões Brandão

CONTABILIDADE
Severino da Conceição

COMITÊS PELO BRASIL
RIO BRANCO (AC)
Karoliny Andrade de Oliveira
MANAUS (AM)
Carlos Henrique
MACAPÁ (AP)
Robson Bastos
JUAZEIRO (BA)
José Carlos Ribeiro Filho
PORTO SEGURO/SUL DA BAHIA (BA)
Eduardo Rodrigues, o "Jacaré"
SALVADOR (BA)
Raimundo Bandeira Barbosa Júnior, o "Dinho"
Edgard Aparecido de Moura, o "Amaral"
VITÓRIA DA CONQUISTA (BA)
Nelson Nunes dos Santos
BRASÍLIA (DF)
José Ivan Mayer de Aquino
Antonia Cardoso Abreu
Raimundo Freitas Gomes
Letícia Nascimento
Iranildo Moreira
Joales Jacinto dos Reis

VITÓRIA (ES)
Emília Cerutti

APARECIDA DE GOIÂNIA (GO)
Rutileia de Sá Arruda Lisboa

CAVALCANTE (GO)
Rafael de Souza Drumond Farias

CIDADE OCIDENTAL (GO)
Claudia Medeiros

FLORES DE GOIÁS (GO)
Tatiana Agostinho

GOIÂNIA (GO)
Eduardo de Matos
Maylla Amorim Lopes Rigonato

TERESINA DE GOIÁS (GO)
Eleuza Pereira Castro

VALPARAÍSO DE GOIÁS (GO)
Ivaned Rodrigues de Oliveira

VILA BOA (GO)
Carlos Henrique Ribeiro da Costa

CODÓ (MA)
Edmilson Martins de Oliveira

CURUPURU (MA)
Kátia Cilene Borges

SÃO LUÍS (MA)
Shirley de Fátima Bruzaca Santos

TUTÓIA (MA)
Marcio Roberto da Conceição Ribeiro

BELO HORIZONTE (MG)
Danusa Carvalho
Bruno Silva

CAMPO GRANDE (MS)
Eliane Bittencourt

CUIABÁ (MT)
Flávia Carolina da Costa

BELÉM (PA)
José Oeiras
Cléa Meireles de Macedo

SANTARÉM (PA)
Paulo Lima

CAMPINA GRANDE (PB)
Wilton Cruz

JOÃO PESSOA (PB)
Lívia Karla Pires Araújo Nóbrega

PETROLINA (PE)
Robson da Rocha Silva

RECIFE (PE)
Anselmo Monteiro da Silva

TERESINA (PI)
Maria da Conceição da Silva Araujo (Cece)

ARAPONGAS (PR)
Marcelo Emygdio dos Santos

PONTAL DO PARANÁ (PR)
Maria Ezi Cheiran Neta

PARNAMIRIM (RN)
Carlos Freire

PORTO VELHO (RO)
Edvaneide Nunes dos Santos

BOA VISTA (RR)
Cida Cardoso

CANOAS (RS)
Luciano da Silva Carneiro

CAXIAS DO SUL (RS)
Ruth Ordovás

PORTO ALEGRE (RS)
Melissa Bargmann

SANTA MARIA (RS)
Liliany Karla Trindade

PALHOÇA (SC)
Lara Scherer
Edna de Souza Pires
Tania Ines Slongo
Gelson Nezi

CANINDÉ (SE)
Andrenito Santos de Menezes

ARARAQUARA (SP)
Marlene de F Fernandes Lopes

BAIXADA SANTISTA (SP)
Clarice Rita do Carmo dos Santos

BAURU (SP)
Graziela Piccino Marafiotti

FRANCISCO MORATO (SP)
Disanira Maia

OSASCO (SP)
João Paulo Pucciariello Perez

RIBEIRÃO PRETO (SP)
Anderson Culpo

SÃO BENTO DO SAPUCAÍ (SP)
Reinaldo Macari

SÃO CARLOS (SP)
Cleonice Lavandoski Amato

SÃO JOSÉ DO RIO PRETO (SP)
Eduardo Alvares Montenegro

SÃO PAULO (SP)
Tania Alba

ARAGUAINA (TO)
Gilza Maria de Sousa Miranda

GUARAI (TO)
Heloiza Lias da Silva

ITACAJÁ/ITAPIRATINS (TO)
Pericleon Alves Rocha

JALAPÃO (TO)
Raquel Pinheiro da Silva

PALMAS (TO)
Daniel Barbosa dos Santos
Fernando Galvão Gomes

PEIXE (TO)
Graziela Graciotto de Paula Dias

INEC — MACEIÓ (AL), SALVADOR (BA), VITÓRIA DA CONQUISTA (BA), FORTALEZA (CE), CRATO (CE), SÃO LUÍS (MA), MONTES CLAROS (MG), JOÃO PESSOA (PB), RECIFE (PE), TERESINA (PI), NATAL (RS), ARACAJU (SE)
Carlos Reni Araújo Dino

NO FUTURO, A FOME SERÁ PASSADO.

FOTO: SARA GEHREN